현대식으로 다시 보는

영접도감의궤

현대식으로 다시 보는

영접도감의궤

(주)교문사

책을 펴내며

영접도감의궤에서 살펴보는 한식의 품격

농촌진흥청에서는 현대에 살아있는 우리음식을 조사하여 『한국의 전통향토음식』 10권으로 정리하였고, 이를 실생활에서 쉽게 활용할 수 있도록 『향토음식과 떠나는 맛 여행』 시리즈를 발간하고 있습니다. 또한 고서 중 우리 식문화와 관련된 책을 번역하고 여기에 수록된 음식을 현대적으로 재현하여 숨 쉬는 한식으로 발전할 수 있는 아이템으로 제공하고 있습니다.

올해는 대전보건대학의 김상보 교수님과 함께 조선왕조의 외국손님을 영접했던 기록인 『영접도감의궤』 중 1643년의 「영접도감잡물색의궤」와 「영접도감연향색의궤」를 번역하고 이 중 50여종의 음식을 현대적으로 재현하게 되었습니다.

조선왕조의 궁중음식과 음식문화를 통해 한식의 품격을 높이고 한식세계화를 위한 밑거름이 되기를 바라마지 않습니다.

끝으로 이 책의 완성도 제고를 위하여 조언을 주신 자문위원님들께 심심한 감사의 말씀을 드립니다.

2011년 12월

농촌진흥청 국립농업과학원 전통한식과

제1편

들어가며

命壽, 정역鄭譯이라고 함), 일등두목(一等頭目, 무역을 하러 오는 사신수행원) 4인, 삼등두목(三等頭目) 5명(가정家丁 2명 포함)으로 구성된 청사들이 경성으로 입경하였다.[5] 입경 전에 명사(明使)에게 했던 것처럼 의주의 용만관과 의순관, 정주의 영훈루, 안주의 안흥관, 평양의 대동관, 황주의 객관, 개성의 태평관에서 7차례 연향을 베풀었다.[6] 입경 날에 임금은 병으로 성문에 나가서 청사를 맞이하지 못하였고 양화당(養和堂)에서 접견하고 칙서를 받아 읽었다.[7]

3월 25일부터 청사들이 귀국하는 날인 4월 6일까지 연향색을 중심으로 연향을 치르고 그 전말(前末)을 기록으로 남긴 것이 바로 1643년의 『영접도감연향색의궤(迎接都監宴享色儀軌)』인데, 이에 의하면 다음과 같이 11회의 연향을 치르고 있다.

- 3월 25일, 두목들에게 편전에서 연회를 베픔
- 3월 26일, 별다담(別茶啖)
- 3월 27일, 별다담
- 3월 28일, 하마연(下馬宴, 환영연)을 모화관 서연청에서 행함
- 3월 29일, 한강유관
- 3월 30일, 익일연(翌日宴)을 모화관 서연청에서 행함. 이때 회례연(回禮宴)은 익일연에서 겸행함
- 4월 1일, 별다담
- 4월 2일, 별다담
- 4월 3일, 별다담
- 4월 4일, 상마연(上馬宴, 환송연)을 모화관 서연청에서 행함. 이때 별연(別宴)은 상마연에서 겸행함
- 4월 5일, 별다담
- 4월 6일, 전연(餞宴)을 모화관 서연청에서 행함[8]

즉, 별다담이 6번이고, 한강유관이 1번이며 공식적인 연회는 하마연 · 익일연 · 회례연 · 상마연 · 별연 · 전연의 6번 연회이지만 회례연은 익일연에서 겸행하고 별연은 상마연에서 겸행하였으므로 4번 연회로 끝냈기 때문에 총 11회의 연향이 된다. 연향에서 차린 음식상의 규모는 청사들의 신분에 따라 철저히 달랐는데, 이들 상차림을 나타낸 것이 〈그림 1〉에서 〈그림 8〉까지이다.

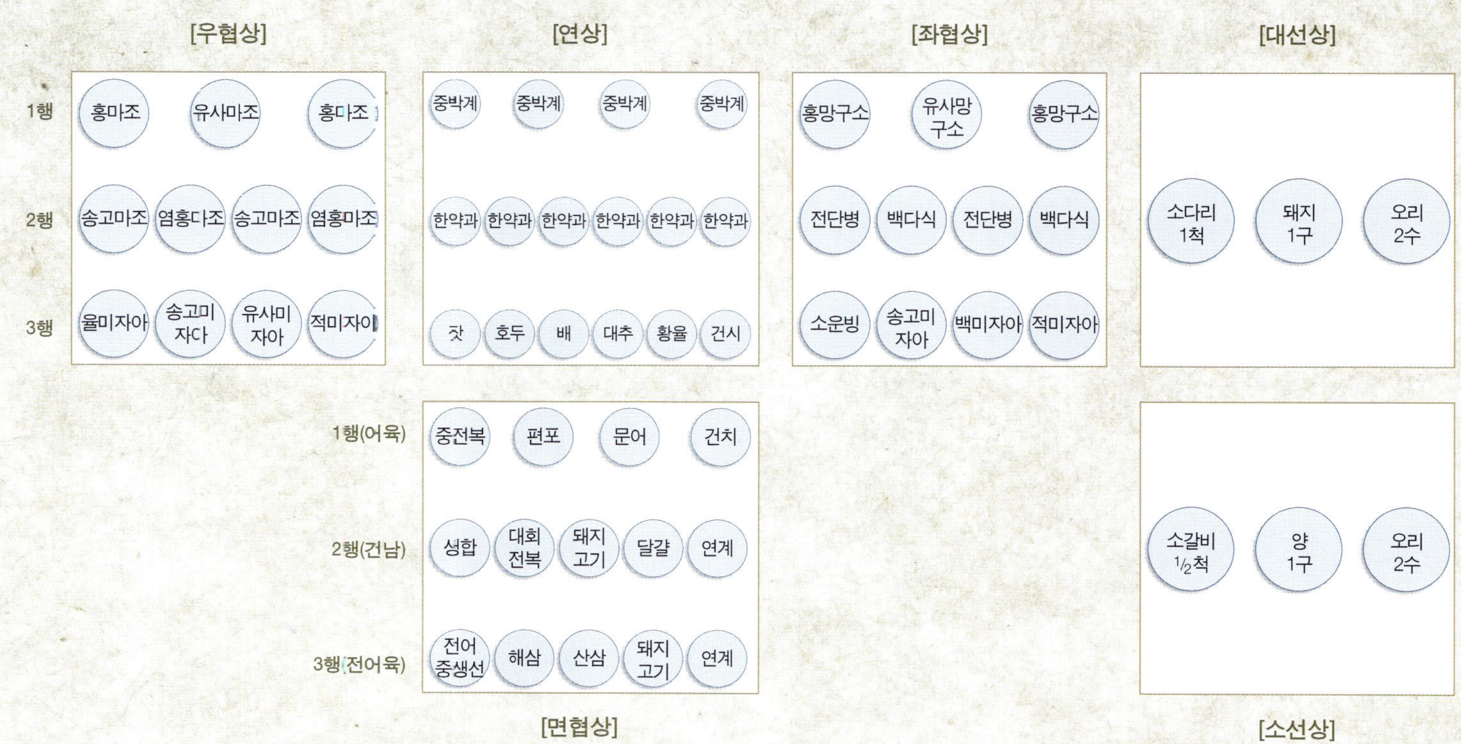

그림 1 정사와 부사에게 베푼 1643년 3월 28일에 행한 하마연(환영연)과 1643년 4월 4일에 행한 상마연(환송연)의 연향상(1인분 상차림)

자료 『영접도감연향색의궤』(1643) ; 김상보(2006), 『조선왕조 혼례연향 음식문화』

그림 2 하마연과 상마연에서의 다례과반 · 미수행과 · 진만두 · 미수(1인분 상차림)

자료 : 『영접도감연향색의궤』(1643)

〈그림 1〉은 하마연과 상마연 때 향례(饗禮)에 맞추어 격이 있게 차린 1조(組)의 연향상차림으로 1인분 상차림을 나타낸 것이다. 실제로는 상사 포와 부사 양, 두 사람을 위한 연향이기 때문에 〈그림 1〉과 같이 차린 상은 하마연에서 2조, 상마연에서 2조로 합 4조가 된다.

〈그림 2〉는 익일연과 전연 때 차린 1조의 연향상차림으로 하마연과 상마연보다는 급수가 아래이지만 역시 향례에 맞추어 격이 있게 차린 1인분 상차림을 나타낸 것이다. 〈그림 2〉와 같이 차린 상은 익일연에서 2조, 전연에서 2조로 합 4조가 된다.

〈그림 3〉은 하마연 · 상마연 · 익일연 · 전연의 4회 연회 때 대통관 정명수에게

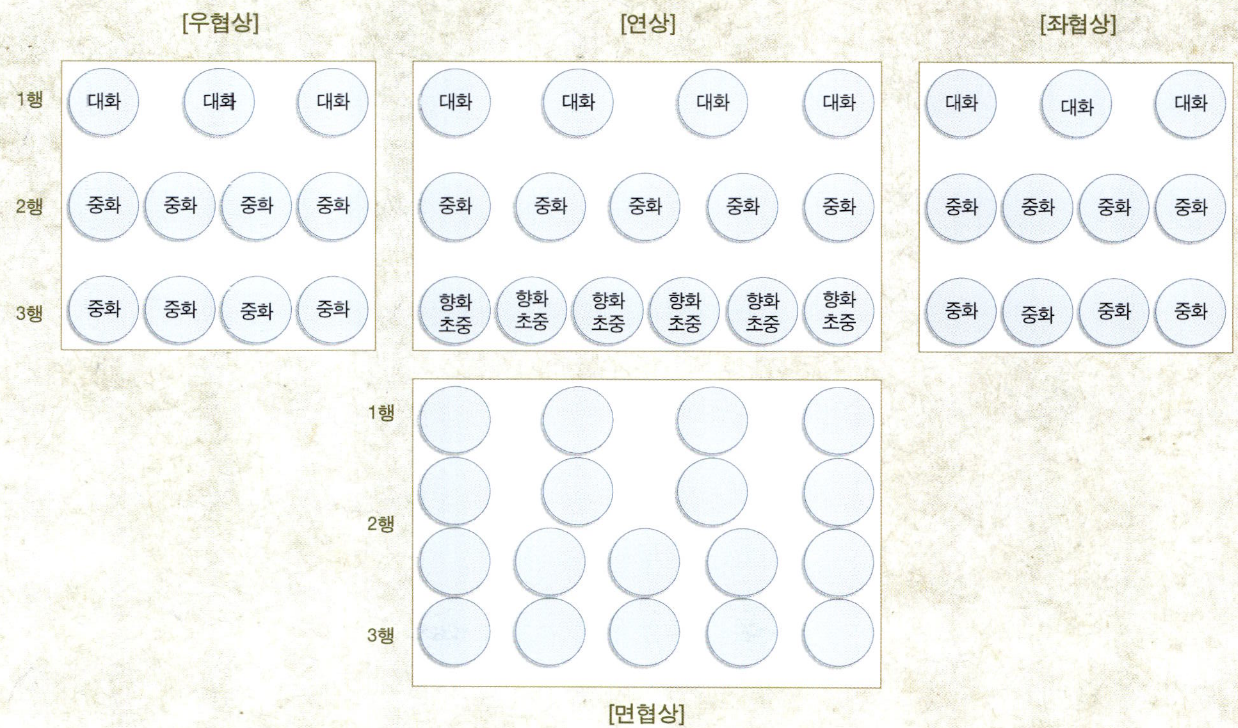

그림 3 상마연과 하마연 연향상의 상화

자료 : 『영접도감연향색의궤』(1643) ; 김상보(2006), 『조선왕조 혼례연향 음식문화』

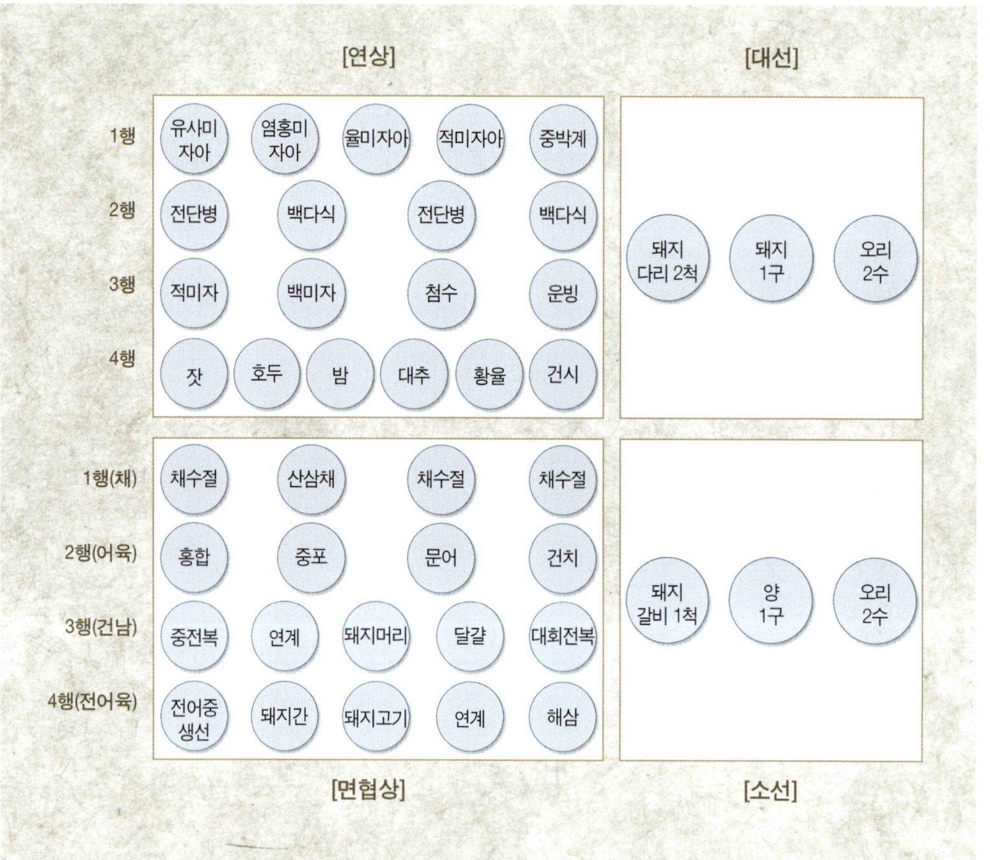

그림 4 정사와 부사에게 베푼 1643년 3월 30일에 행한 익일연과, 1643년 4월 6일에 행한 전연 연향상(1인분 상차림)

자료 : 『영접도감연향색의궤』(1643)

베푼 1조의 연향상차림으로 〈그림 3〉과 같이 차린 상은 4조가 된다.

〈그림 4〉는 하마연 · 상마연 · 익일연 · 전연의 4회 연회 때 참석했던 재신과 종재 3인에게 베푼 1조의 연향상으로 1인분 상차림을 나타낸 것이므로 〈그림 4〉와 같이 차린 상차림은 12조가 된다.

〈그림 5〉는 상사 · 부사 · 대통관에게 베푼 별다담 1조로 1인분 상차림이다. 별다담을 총 6번 차렸기 때문에 〈그림 5〉와 같이 차린 상차림은 18조가 된다.

〈그림 6〉은 1등두목 4인에게 베푼 편전연회 · 하마연 · 상마연 · 익일연 · 전연에서 베푼 1조의 연향상차림으로 1인분을 나타낸 것이다. 〈그림 6〉과 같이 차린 상차림은 20조가 된다.

그림 5 정사와 부사에게 베푼 1643년 3월 30일에 행한 익일연과, 1643년 4월 6일에 행한 전연 연향상(1인분 상차림)

자료 : 『영접도감연향색의궤』(1643)

〈그림 7〉은 3등두목 5인에게 편전연회 · 하마연 · 상마연 · 익일연 · 전연에서 베푼 1조의 연향상차림으로 1인분을 나타낸 것이다. 〈그림 7〉과 같이 차린 상차림은 25조가 된다.

〈그림 8〉은 두목대객(對客)[9] 2원에게 편전연회 · 하마연 · 상마연 · 익일연 · 전연에서 베푼 1조의 연향상차림으로 1인분을 나타낸 것이다. 〈그림 8〉과 같이 차린 상차림은 10조가 된다.

4월 6일 청사들이 본국으로 돌아갈 때 청 태종은 이미 풍증(風症)이 있었다. 해서 조선정부에 청 태종의 치료를 위하여 죽력(竹瀝)[10]을 보내줄 것과 명의(名醫)

그림 6 익일연과 전연 연향상의 상화
자료 : 『영접도감연향색의궤』(1643)

를 요구하므로 임금이 명하여 침의(鍼醫)인 유달(柳達)과 약의(藥醫)인 박군(朴頵) 등을 같이 보냈다. 그러나 이러한 노력에도 불구하고 청 태종은 8월 9일 사망하였다.

9월 3일 칙사 박씨(博氏) 2원과 일등두목 이역(李譯), 이등두목 2인, 삼등두목 3인으로 구성된 청사들이 고애사(告哀使)[11]로서 경성에 입경하였다.[12]

조선정부의 백관들은 9월 2일 명정전(明政殿) 뜰에 모여 거애(擧哀)[13]하였다. 4품 이상은 포사모(布紗帽) · 마대(麻帶) · 포단령(布團領) 차림이었고 5품 이하는 오사모(烏紗帽) · 오각대(烏角帶) · 백단령(白團領) 차림이었다.[14]

9월 6일에는 백관이 명정전 뜰에서 성복례(成服禮)[15]를 행하였다. 청사인 두 박씨(博氏)가 남별궁으로부터 와서 그 행사를 보았다. 임금이 최복(衰服)[16] 차림으로 편전에서 박씨들을 접견하였다.[17]

그림 7 대통관 1인에게 베푼 4번 설연 연향상

자료 : 『영접도감연향색의궤』(1643)

그림 8 하마연 · 상마연 · 익일연 · 전연 때 재신과 종재 3인에게 베푼 연상(1인분 상차림)

자료 : 『영접도감연향색의궤』(1643)

그림 9 1643년 3월 26일, 3월 27일, 4월 1일, 4월 2일, 4월 3일, 4월 5일에 정사 · 부사 · 대통관에게 베푼 별다담(1인분 상차림)

자료 : 『영접도감연향색의궤』(1643)

그림 10 1등두목 4인의 4번 연회 및 편전 연회상(1인분 상차림)

자료 : 『영접도감연향색의궤』(1643)

그림 11 3등두목 5인의 4번 연회 및 편전 연회상(1인분 상차림)

자료 : 『영접도감연향색의궤』(1643)

그림 12 두목대객 2원의 4번 연회 및 편전 연회상(1인분 상차림)
자료 : 『영접도감연향색의궤』(1643)

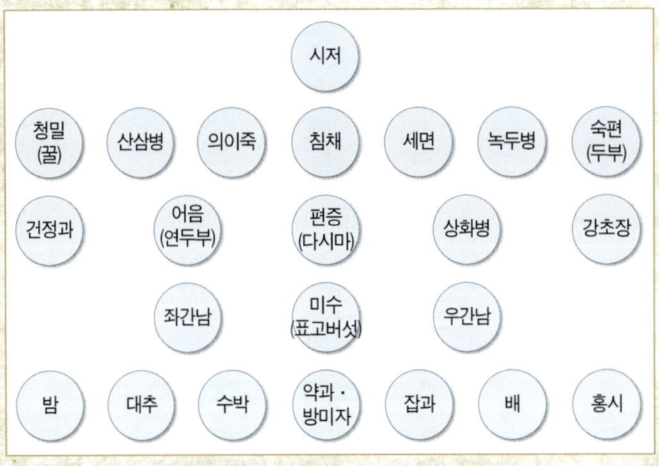

그림 13 박씨 2원이 남별궁에 머물 때의 조반상(早飯床)(1인분 상차림)
자료 : 『영접도감잡물색의궤』(1643) ; 김상보(1995), 『조선왕조 궁중의궤 음식문화』, 64쪽

청사들은 9월 10일에 돌아갔는데, 9월 3일부터 9월 10일까지 잡물색이 소선(素膳)을 재료로 하여 만든 조반(早飯)과 다담을 올리고 그 전말을 기록으로 남겼다. 그것이 1643년의 『영접도감잡물색의궤(迎接都監雜物色儀軌)』이다. 〈그림 9〉에서

그림 14 1 · 2등두목 3명이 모화관에 머물 때의 조반상(早飯床)
자료 : 『영접도감잡물색의궤』(1643)

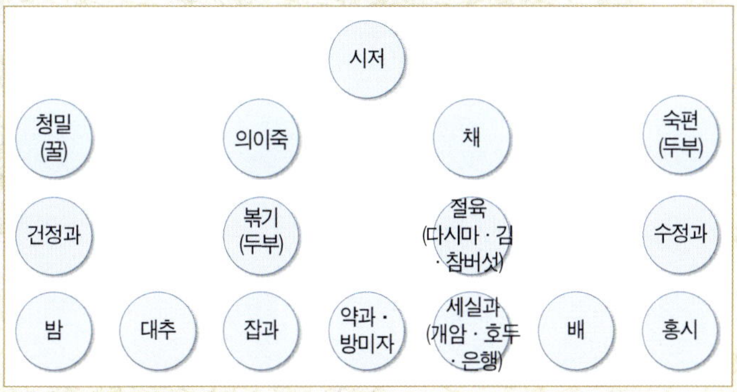

[다담(소선)]

[미수(소선)]

※ 재료는 파 · 밀가루 · 참기름 · 표고버섯 · 호두 · 간장 · 잣 · 두부이나 음식명이 기록되어 있지 않으므로 필자가 임의로 정한 것임

그림 15 양 박씨 다담(1인분 상차림)
자료 : 『영접도감잡물색의궤』(1643) ; 김상보(1995), 『조선왕조 궁중의궤 음식문화』, 64쪽

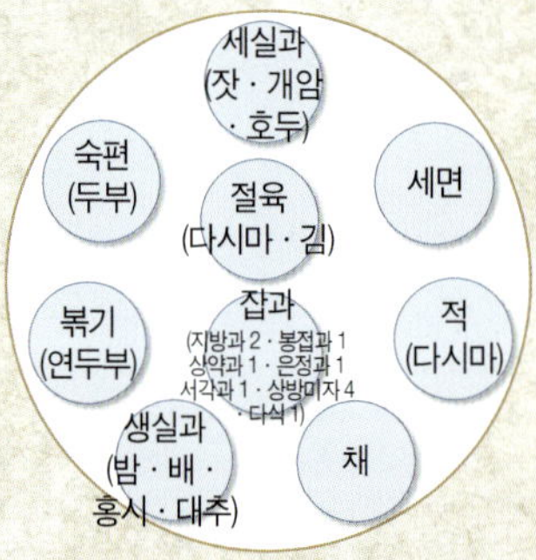

그림 16 1 · 2등두목 3인에게 베푼 다담, 소선(1인분 상차림)

자료 : 『영접도감잡물색의궤』(1643) ; 김상보(1995), 『조선왕조 궁중의궤 음식문화』, 70쪽

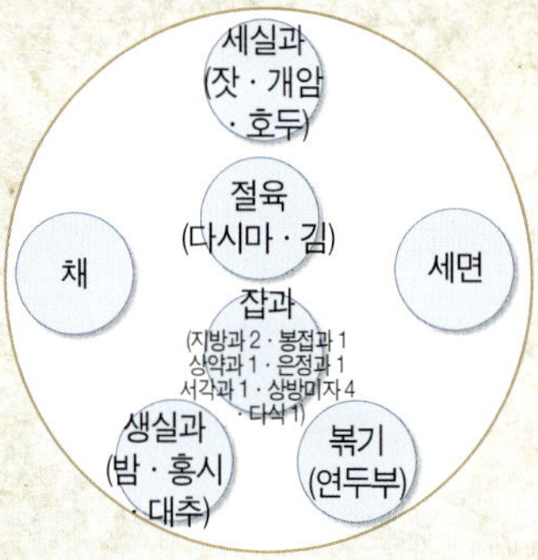

그림 17 3등두목 3인에게 베푼 다담, 소선(1인분 상차림)

자료 : 『영접도감잡물색의궤』(1643) ; 김상보(1995), 『조선왕조 궁중의궤 음식문화』, 70쪽

〈그림 13〉까지가 바로 조반과 다담에 해당된다.

조반과 다담에 동원된 찬품들이 철저히 육류가 배제되고 곡류와 채소류가 중심 식자재가 되어 만들어진 것은 청 태종의 사망에 따른 조선정부의 배려로, 이는 임금이 최복차림으로 편전에서 접견하고 백관들이 성복례 등을 행한 것과 맥을 같이 하는 것이다.

한반도의 불교 전개 거점이 되었던 중국 불교계에서는 불살생계(不殺生戒)를 오계(五戒)의 필두로 하는 교의로 하여 채식(菜食)을 철저히 지키고 있었다. 5세기 초엽에 중국에 전해진 『대반열반경(大般涅槃經)』은 육식의 전면 금지를 기록한 최초의 교전(敎典)으로 되어 있고 중국에서 찬술된 『범망경(梵網經)』 역시 엄격하게 육식금지를 기록하고 있다. 518년경 양(梁, 재위 502~558) 무제는 승려의 전면적인 육식금지를 제창하여, 불교도에 대한 불교적 윤리실천을 정치적으로 요청하기에 이르러 살생금지를 명했다. 제사 지낼 때에도 희생수 대신에 곡물 · 채소 · 과일 등의 사용을 명령하였다. 우란분재(盂蘭盆齋)를 공개적으로 거행하게 된 것도 이 무렵부터로 알려지고 있다.[18]

백제에서 공식적으로 살생금지령을 내린 것은 성왕 19년(541)의 일이다. 왕사(王使)를 양(梁)나라에 조공한 다음 불경 등을 요청하여 가지고 온 이후[19] 약 60여 년이 지난 다음의 일이다.

불교계에서 육식금지가 더욱 활성화된 것은 선종(禪宗)에 의해서였다. 양(梁)대에 보제달마(菩提達磨, ?~528)에 의해 시작된 선종은 혜능(慧能, 638~713)과 백장대지(百丈大智, 720~814)에 의해 확립되어 선덕여왕(780~785) 전후에 신라에 전파되었다.

왕즉불(王卽佛)사상이나 윤회전생사상(輪廻轉生思想)에 근거를 둔 화엄종을 대표로 하는 교종(敎宗)과 달리, 복잡한 교리를 떠나서 좌선(坐禪)을 통해 심성을 도야함으로써 각자의 마음속에 있는 불성(佛性)을 깨닫도록 해야 한다는 견성성불(見性成佛)을 주지로 삼는 선종은[20] 누구나 깨달음을 통해 부처가 될 수 있다는 가능성을 제시하였다.

선승(禪僧)들의 실천수행방법으로는 보시(布施) · 지계(持戒) · 인욕(忍辱) · 선정(禪定) · 반야바라밀(般若波羅密) · 정진(精進)이 있다. 이상의 수행덕목인 육바라밀(六波羅密)은 생사의 고해를 넘어 이상경인 열반세계에 이르기 위한 보살의 수행방법이다.

불도에 정진(精進)하기를 다짐하면서 몸을 청정(淸淨)하게 하기 위하여 어(魚)와 육(肉)을 피하고 해초 · 곡류 · 채소가 중심 재료가 되어 만들어진 음식을 정진음식(精進飮食)이라 하고 또 소선(素膳)이라고도 하였다. 어와 육을 사용하지 않는 대신 식물성기름을 많이 사용하고 곡류로서 교묘하고 아름답게 또 맛있게 만드는 것이다.

정진을

정신을 가다듬어 악행을 버리고 선행을 닦음
잡념을 버리고 한 마음으로 불도를 닦아 게으름이 없음
몸을 깨끗이 하고 마음을 가다듬음
어육을 삼가고 채식함

으로 해석한다면 정진생활을 위한 정진음식인 소선은 채식이 기본이 된다.

통일을 완수한 왕건은 불교, 즉 제석(帝釋)세계를 이 땅 위에 실현하고자 하였다. 왕은 천사라고 하는 중간자를 내세워 제석궁과 궁중 사이를 통하는 자격을 부여받고 있었다. 왕의 이승이 궁전이라면 왕의 저승은 제석천의 선견성이었다. 왕 자신은 정진생활의 실천을 통하여 이상 세계를 실현하고자 하였다. 백성의 모범이 되어야 존경과 신앙의 대상이 되고 권위도 생겨나기 때문에 엄격한 정진생활을 통하여 통치하고자 하였고, 백성들의 정진생활도 강요되었다. 따라서 도살 금지와 어(魚)·육(肉)을 배제한 소선(素膳)음식에 대한 권장은 농산물증산정책으로 직결되어[21] 밭·산·논에서 생산되는 채소·나물·과일·쌀·잡곡이 정진음식을 위한 식재료가 되었다. 도살 금지에 따라 육식섭취의 금지는 채소·나물·과일·쌀·잡곡을 이용한 다양한 음식개발로 직결되었다. 고려시대의 정진음식은 농사장려정책에 따라 생산된 농산물을 재료로 하여, 왕실 보호하에 사찰에서 적극적으로 연구 개발한 결과물이다. 여기에는 공업이 획기적으로 발전하였던 송대(宋代)의 금속제 조리기구 보급이 영향을 미쳐, 볶음음식과 튀김음식 발달에도 적지 않은 기여를 했을 것이다.

『고려사절요』에서 구체적으로 제시하고 있는 정진음식을 위한 식재료는 쌀·좁쌀·보리·밀·콩·해조류·산채·인삼·메주이고, 정진음식은 죽·떡·국수[麵]·두붓국·나물류·간장·된장·귤·감자·유밀과·차[茶]였다.

조선왕조에서 중국사신을 영접할 때 「소선(素膳)」이라고 이름 붙인 연회상차림을 올린 것은 1643년 외에 1634년에도 있었다. 1643년에 차린 「소선」을 보다 쉽게 이해하기 위하여 1634년의 「소선」을 〈표 1〉을 통해서 살펴보자.

표 1 1634년 왕에게 올린 「소선(素膳)」이라고 명명한 잔치상 1상의 찬품

분 류	찬품(饌品)명	재 료	
떡[餠]류	점(粘)	찹쌀 또는 밀단백질*	
	병자(餠煮)	녹두 · 참기름	
	산약(山藥)	산약 · 꿀 · 잣	
볶음류	표고	표고버섯	(예상조미료) 된장 · 간장 · 소금 · 후춧가루 · 파 · 마늘 · 꿀 · 초 · 참기름
	진이(眞耳)	참버섯	
	석이(石耳)	석이버섯	
	연파(蓮把)		
	연근(蓮根)	연근	
	죽순(竹筍)	죽순	
튀김류	다사마(多士亇)	다시마 · 참기름	
나물류	채수절(菜隨節)	산채와 뜰채	
찜 류	전증(煎蒸)	두부 · 참기름 · 물	
유과류	중박계 · 약과 · 다식	밀가루 · 참기름 · 꿀	
과일류	대추 · 황율 · 개암 · 비자 · 잣 · 건시		

* 점(粘)이 무엇인지는 불분명하지만 『수문사설』에는 밀단백질임을 암시하고 있다.

현재 우리의 식탁에 오르고 있는 떡류 · 나물류 · 부각류 · 버섯볶음류 · 두부류 · 유밀과류로 구성되고 있음을 알 수 있다.

이들은 불교 발전의 전개와 함께 발전해 온 불교문화의 산물이라고 단언해도 좋다. 다시 말하면, 불교문화의 최전성기였던 고려시대, 정진음식인 소선(素膳)이 극도로 발달하였고 고려왕실에서 먹던 정진음식 중 일부가 1634년과 1643년 중국사신 영접 때 조선왕실의 「소선」으로 등장했다고 보아도 좋다.

잡물색에서 조반(早飯, 初朝飯)만 제공하고 삼시반(三時飯, 아침밥 · 점심밥 · 저녁밥)을 제공하지 않은 것은 삼시반은 반선색(飯膳色)에서 해야 할 일이었기 때문이기도 하지만, 원래 식자재만을 제공하여 청사들이 데리고 온 조리사가 만들게 함으로써 식성껏 먹도록 배려한 결과이다. 특별히 두 사람의 박씨에게 잡물색에서 삼시반을 위하여 제공한 식자재는

주식류, 밀가루 1되 5홉

해채류, 미역 6립 · 황각 1되 5홉 · 다시마 12조 · 김 $1\frac{1}{2}$장

두부류, 편두부 6편 · 연두부 12덩어리 · 청포묵 15덩어리

버섯류, 석이버섯 2되 · 참버섯 15개 · 표고버섯 1되 5홉

침채류, 무장저 3개 · 과장저 3개 · 침채 1사발 · 가지침채 3개 · 배추침채 1사발

채소류, 동아 2개 · 미나리 3단 · 배추 3단 · 순무 10뿌리 · 토란 1되 5홉 · 무 15뿌리

양념류, 마늘 9냥 · 소금 2되 · 초 1되 · 후추 3전 · 꿀 1되 5홉 · 마늘 45뿌리 · 감장 2되 · 간장 4되 · 파 90뿌리 · 참기름 2되

과일류, 잣 3되

로서 이는 당시 소선에 쓰인 식자재를 규명하는 데 더 없이 소중한 자료라 하겠다.

삼시반은 식재료를 제공한 데 반하여 조반(早飯)은 조선정부가 제공하였다. 이렇듯 조반을 익혀 만들어서 〈그림 13 · 14〉와 같이 차려 베푼 까닭은 주찬(酒饌)을 내어 대접하는 의례인 숙공조반식(熟供早飯式)을 하기 위함이었다. 조반이란 초조반(初朝飯)으로 아침밥 전에 제공되는 국수를 중심으로 차린 일종의 술상이다. 정관 이하 청사들과, 접대를 담당한 조선의 관리들이 서로 마주서서 인사를 나눈 후 각자의 좌석으로 가 앉은 다음 음식을 내놓고 5번의 술을 순배한 후에 다시 한 잔을 권하는 것이 마치 다례의(茶禮儀)와 같이 한다고 하였다.[22)]

〈그림 15〉부터 〈그림 17〉까지의 다담은 『영접도감연향색의궤』에서 보이는 〈그림 5〉의 별다담과 같은 류이지만, 별다담이 연향상의 성격이 있는 상차림인 반면 다담은 일상식의 하나로 제공된 차이가 있다. 아침밥과 점심밥 사이 혹은 점심밥과 저녁밥 사이, 저녁밥 이후 잠자기 전에 제공되었다. 이들 다담은 후기에 이르러서는 조다소반과(朝茶小盤果) · 주다소반과(晝茶小盤果) · 만다소반과(晩茶小盤果) · 야다소반과(夜茶小盤果) 등으로 명칭 변화가 일어난다.[23)] 어쨌든 이들은 국수를 중심으로 차린 간단한 술상이라고 볼 수 있다.

1643년에 나온 『영접도감연향색의궤』가 3월 25일부터 4월 6일까지의 연향상차림에 올린 찬품과 그것들의 재료 및 분량에 관한 전말을 자세히 기록하였다면, 『영접도감잡물색의궤』는 9월 3일부터 9월 10일까지 제공된 일상식의 하나인 조반(早飯)과 다담을 철저히 소선(素膳)을 적용하여 재료 및 분량을 명기한 유일한 고문헌이다. 이들 양자 모두는 조선왕조의 영접음식문화를 구체적으로 알게 해주는 중요한 가치를 지닌다.

끝으로 찬품을 재현하는 데 있어서 문헌에 나오는 재료와 분량을 가능한 한 철저히 지키고자 하였으며, 인조조(仁祖朝)의 도량형은 세종조에 사용되었던 합(合)·승(升)·두(斗)·곡(斛)·푼(分)·전(錢)·냥(兩)·근(斤)·관(貫)·칭(稱)을 기준으로 하여 그대로 적용된 것이었다.[24] 따라서 『영접도감의궤』 중의 재료분량을 환산하기 위하여 1홉[合]을 59.642cm^3, 1전(錢)을 4.0123g으로 하여

1홉[合] = 10작(夕)

1되[升] = 10홉

1말[斗] = 10되

1전[錢] = 10푼[分]

1냥[兩] = 10전

1근[斤] = 16냥

으로 하였다. 이들을 보다 현대적으로 환산하기 위하여 1홉인 59.642cm^3를 60cc, 1전인 4.0123g을 4g으로 하여

1홉 = 60cc = 4큰술

1되 = 600cc = $2\frac{1}{2}$컵

1말 = 6,000cc = 25컵

1전 = 4g

1냥 = 40g

1근 = 640g

으로 하였음을 밝힌다.[25]

제1편 미주

1) 삼전도(三田渡): 경기도 광주군 중대면 송파리에 있던 나루. 이곳에 수항단(受降檀)을 쌓고 임금이 청 태종에게 항복하였다. 송파나루

2)『仁祖實錄』, 仁祖 20年 12月條.

3)『仁祖實錄』, 仁祖 21年 2月 19日條.

4) 김상보(1995),『조선왕조 궁중의궤 음식문화』, 18~19쪽.

5)『迎接都監宴享色儀軌』(1643).

6) 김상보(1995),『조선왕조 궁중의궤 음식문화』, 16쪽.

7)『仁祖實錄』, 仁祖 21年 3月 25日條.

8)『迎接都監宴享色儀軌』(1643) ;『仁祖實錄』, 仁祖 21年 3月條.

9) 대객(對客) : 외국사신 등의 접대에 동원되는 내관(內官). 여기서는 두목을 상대하기 위하여 접대 때 동원되었던 내관을 뜻한다.

10) 죽력(竹瀝) : 푸른 대쪽을 불에 구워서 만든 진액(津液). 성질은 차고 독이 없어 열담(熱痰)이나 번갈(煩渴)을 고치는 데 쓴다.

11) 고애사(告哀使) : 국가의 슬픔을 전하기 위하여 온 사신을 말한다.

12)『迎接都監雜物色儀軌』(1643) ;『仁祖實錄』, 仁祖 21年 9月 3日條.

13) 거애(擧哀) : 발상(發喪)

14)『仁祖實錄』, 仁祖 21年 9月 2日條.

15) 성복례(成服禮) : 초상이 난지 사흘이나 닷새 만에 상제와 복인들이 처음으로 상복을 입는 일을 뜻한다.

16) 최복(衰服) : 참최(斬衰)나 재최(齊衰) 때의 상복을 말한다.

17)『仁祖實錄』, 仁祖 21年 9月 6日條.

18) 김상보(2006),『조선왕조 혼례연향 음식문화』, 40~41쪽.

19)『三國史記』「百濟本紀」.

20) 박용운(1998), 『고려시대사 上』, 일지사, 37~38쪽.

21) 김상보(2006), 『조선왕조 혼례연향 음식문화』, 신광출판사, 37쪽.

22) 『通文館志』, 卷 5 「交隣」.

23) 『園幸乙卯整理儀軌』(1795).

24) 김상보(1995), 『조선왕조 궁중연회식의궤 음식의 실제』, 53쪽.

25) 김상보(1995), 『조선왕조 궁중연회식의궤 음식의 실제』, 76쪽.

제2편

찬품재현

一. 영접도감연향색의궤 (1643)

Ⅰ. 하마연과 상마연 찬품

Ⅱ. 익일연 찬품

Ⅲ. 상마연과 하마연의 미수 찬품

Ⅳ. 두목의 연상 찬품

Ⅴ. 별다담 찬품

Ⅵ. 재신종재의 연상 찬품

1. 중박계 中朴桂

※ 재료 및 분량

| 원전 |

1643년 上末 9升 / 淸 6合 7夕 5分 /
造淸 1升 1合 1夕 5里 / 油 6合 3夕

환산분량 밀가루 5,400cc / 꿀 404cc / 조청[白糖] 666cc /
참기름 378cc

※ 〈원전〉의 유(油)는 참기름인 진유(眞油)를 뜻한다.

| 현대화한 분량(5인분) |

중력분 310g($2\frac{1}{4}$컵) / 꿀 40g($2\frac{2}{3}$큰술) /
조청(백당) 130g($4\frac{2}{3}$큰술) /
참기름 24g($2\frac{2}{3}$큰술) / 물 $6\frac{1}{2}$큰술 /
식용유(튀김용)

※ 조청 만들기 : 찹쌀 1말, 엿기름 2되, 냉수 10되

만드는 법[1)]

1. 물 $6\frac{1}{2}$큰술, 꿀 $2\frac{2}{3}$큰술, 조청 $4\frac{2}{3}$큰술을 합하여 끓여서 차게 식힌다.
2. 중력분 $2\frac{1}{4}$컵과 참기름 $2\frac{2}{3}$큰술을 합하여 손바닥으로 잘 비빈 다음 굵은 체로 내린다. 여기에 (1)의 꿀물을 넣고 잘 섞어 손으로 뭉치듯이 반죽한다.
3. (2)의 반죽을 밀방망이로 두께 1cm가 되게 밀어 가로 2.5cm, 세로 8.5cm가 되게 네모 반듯하게 썬다.
4. 식용유를 불에 올려놓고 낮은 온도에서 (3)의 과자를 서서히 연한 갈색이 나도록 튀겨낸 후 기름을 뺀다.

조청 만드는 법[2)]

1. 찹쌀 1말을 깨끗이 씻어 가루로 만든다.
2. 엿기름 2되를 가루로 만든다. 여기에 냉수 3되를 부어 잘 풀어 놓는다.
3. 커다란 양푼에 (1)을 담아 끓인 물 7되를 넣고 잘 갠 다음 (2)의 엿기름물을 부어 김이 새나가지 않도록 뚜껑을 덮는다.
4. (3)이 묽어지면 베자루에 담아 거른다.
5. (4)를 솥에 담아 불을 들여 달이는데, 흰색이 유지되도록 달인다.

음식 이야기

주재료인 밀가루 : 청(淸, 꿀+조청)의 비율을 5 : 1로 하여 만든 이 비율은 1600년대 말 하생원(河生員)이 지은 『주방문(酒方文)』「중박계」의 비율과 같다. 박계(朴桂)에는 대박계 · 중박계 · 소박계가 있었다. 이 중 중박계와 소박계는 조선왕조에서 다음과 같은 크기로 만들어 제사상에 올렸다.

- 중박계 : 길이 약 8.5cm, 너비 약 2.7cm, 두께 약 1.8cm
- 소박계 : 길이 약 7.5cm, 너비 약 2.4cm, 두께 약 1.5cm

과자의 크기를 가로 2.5cm, 세로 8.5cm, 두께 1cm로 한 것은 튀긴 후의 크기를 감안하였기 때문이다.

박계란 계수나무 껍질을 말한다. 과자 이름이 박계인 것은 완성된 모양이 계수나무 껍질과 같고 약과에 비하여 재료 속에 참기름이 소량 들어갔으므로(밀가루 : 참기름 = 10 : 0.7) 약과보다는 단단한 질감의 과자가 되는데, 그 단단함 또한 계수나무 껍질과 같다는 데에서 유래된 것으로 보인다.

이익은 『성호사설』「거여밀이」에서 '밀면으로 만든 떡을 기름에 튀겨서 말린 것이 지금의 박계(朴桂)가 아니고 무엇이며, 조금 윤기가 있다는 것은 엿과 꿀을 겉에 바른 때문이니 지금의 약과(藥果)가 아니고 무엇이겠는가'[3] 하였다. 이익은 약과와 중박계의 차이를 집청 여부에 두고 있다.

집청[汁淸]이란 꿀물에 담근다는 뜻이다. 『주방문』「약과」에는 '꿀물에 담가 집청하는데, 집청[汁淸]이란 꿀물에 담근다는 말이다' 라고 하고 있다.[4] 1670년경에 나온 『음식지미방』「약과법」에서는 '집청 1되에 물 1홉 반만 타서 묻힌다' 하였다.[5] 즉, 꿀과 물의 비율이 10 : 1.5이다. 따라서 필자는 약과를 비롯한 집청 대상에 포함되는 조과류는 『음식지미방』 식의 비율로 물을 타서 집청하는 방법을 채택하였다.

2. 한약과 漢藥果

❋ 재료 및 분량

| 원전 |

1643년 上末 5升 / 清 4合 1夕 7分 8里 / 造清 6合 5夕 3分 1里 / 油 5合 / 黑湯 2合 5夕

환산분량 밀가루 3,000cc / 꿀 248.8cc / 조청[白糖] 391.2cc / 참기름 300cc / 흑당(黑糖) 150cc

| 현대화한 분량(5인분) |

* 중력분 330g($2\frac{1}{2}$컵) / 조청(백당) 152g($5\frac{1}{3}$큰술) / 참기름 40g(4큰술) / 물 $2\frac{1}{2}$큰술
* 조청(백당) 60g(3큰술) / 흑당 40g(2큰술) / 꿀 50g($3\frac{1}{3}$큰술) / 물 12g($2\frac{1}{2}$작은술)
* 식용유(튀김용)

❋ 만드는 법[6]

1. 물 $2\frac{1}{2}$큰술과 조청 $5\frac{1}{3}$큰술을 합하여 끓여서 차게 식힌다.
2. 중력분 $2\frac{1}{2}$컵과 참기름 4큰술을 합하여 손바닥으로 잘 비빈 다음 굵은 체로 내린다. 여기에 (1)의 조청물을 넣고 잘 섞어 손으로 뭉치듯이 반죽한다.
3. (2)의 반죽을 밀방망이로 두께 0.5cm가 되게 밀어 가로와 세로의 길이를 6cm가 되게 네모 반듯하게 썬다.
4. 식용유를 불에 올려놓고 낮은 온도의 조건에서 (3)의 과자를 서서히 연한 갈색이 나도록 튀겨낸 후 기름을 뺀다.

흑당 만들기

5. 냄비를 불에 올려놓고 조청(백당) 3큰술을 담아 끓이는데, 갈색이 되면 불에서 내려 식혀 2큰술을 취해 놓는다. 이것을 흑당(黑糖, 黑湯)이라 한다. 이 흑당에 꿀 $3\frac{1}{3}$큰술과 물 $2\frac{1}{2}$작은술을 합하여 약한 불에 올려놓아 끓인다. 완전히 섞이면 불에서 내린다(조청 만드는 법은 중박계 참조).
6. (4)가 식기 전에 (5)의 꿀물(흑당)에 담갔다 건져 꿀물이 완전히 빠지도록 한다.

음식 이야기

주재료인 밀가루 : 조청 : 참기름의 비율을 10 : 1 : 1로 하여 만든 한약과의 한자어는 漢藥果이다. 꿀 대신에 조청을 넣었으므로 약과보다는 질이 낮은 과자를 한약과라 한 듯하다. 당시 조청은 백당(白糖)을 뜻하여서 청(清, 꿀)은 청이되, 벌꿀로 만든 것이 아니라 사람이 만든 꿀[造清]이지만 하얗게 만들어 조청이라 하였다. 흰 조청에 불을 가하여 갈색이 되게 만든 것을 흑당(黑糖)이라 하였고[7] 이 흑당의 전신이 곧 흑탕(黑湯)이다.

3. 홍망구소 紅望口消

※ 재료 및 분량

| 원전 |

1643년 上末 5升 4合 / 淸 2合 2夕 / 造淸 3合 3夕 / 油 7合 / 芝草 2兩 / 出油 2合 3夕 / 黑湯 1升 3合 / 沙粉白米 2升 1合 3夕

환산분량 밀가루 3,240cc / 꿀 132cc / 조청[白糖] 198cc / 참기름 420cc / 지초 80g / 출유 138cc / 흑당(黑糖) 780cc / 사분백미 1,278cc

| 현대화한 분량(5인분) |

* 중력분 360g(2 2/3컵) / 조청(백당) 76g(2 2/3큰술) / 참기름 50g(5 2/3큰술) / 물 45g(3큰술)

* 조청(백당) 608g(1컵) / 흑당 304g(1/2컵 2 2/3큰술) / 꿀 30g(2큰술) / 물 30g(2큰술)

* 사분백미 250g(1컵 1 1/3큰술) / 찹쌀 200g(1컵) / 지초 16g / 출유(참기름) 20g(2큰술)

* 식용유(튀김용)

❋ 만드는 법 [8)]

반죽 만들기

1. 물 3큰술과 조청 2⅔큰술을 합하여 끓여서 차게 식힌다.
2. 중력분 2⅔컵과 참기름 5⅔큰술을 합하여 손바닥으로 잘 비빈 다음 굵은 체로 내린다. 여기에 (1)의 조청물을 넣고 잘 섞어 손으로 뭉치듯이 반죽한다.
3. (2)의 반죽을 밀방망이로 0.2cm 두께로 밀어 지름 4cm의 원형 틀로 찍어낸다.

사분백미 만들기

4. 지초 16g을 가위로 잘게 자른다. 냄비에 출유(참기름) 2큰술을 담아 불에 올려놓고 뜨겁게 달군다. 여기에 앞서 자른 지초를 넣어 붉은색이 우러나오도록 한다. 색이 우러나오면 기름만을 고운체로 받쳐 식힌다.
5. 찹쌀 1컵을 3시간 이상 물에 담갔다가 찜통에서 익도록 쪄내어 물에 한 번 헹구어서 물기를 빼고 채반에 담아 햇볕에 바싹 말려 건반(乾飯)을 만든다.
6. 바닥이 두꺼운 냄비에 식용유를 담아 온도를 올린 후 (5)의 건반을 넣고 확 일어나면 흰색이 유지되게끔 재빨리 건져 내어 기름을 뺀다.
7. 완전히 식으면 (4)의 지초기름을 뿌려 붉은 물이 골고루 들게 한다. 이것을 말려 블렌더로 갈아서 체에 내려 접시에 펼쳐 담는다. 이것이 사분백미(沙粉白米)이다.

흑당 만들기

8. 냄비를 불에 올려놓고 조청 1컵을 담아 끓이는데, 갈색이 되면 불에서 내려 식혀 ½컵 2⅔큰술을 취하여 놓는다. 이것을 흑당(黑糖, 黑湯)이라 한다.
   이 흑당에 꿀 2큰술과 물 2큰술을 합하여 약한 불에 올려놓아 끓인다. 완전히 섞이면 불에서 내린다(조청 만드는 법은 중박계 참조).

홍망구소 만들기

9. 튀김용 식용유를 불에 올려놓고 낮은 온도의 조건에서 (3)의 과자를 서서히 연한 갈색이 되도록 튀겨내어 기름을 뺀다.
10. (9)가 식기 전에 (8)의 꿀물에 담갔다가 건져 꿀물이 완전히 빠진 다음 (7)의 사분백미에 굴린다.

음식 이야기

이익은 『성호사설』「산자」에서 '튀밥에 붉은 물을 들여서 비녀 모양으로 만든 떡에다 엿을 발라 묻히는 것을 요화병이라 한다' 하였고, 앞서 언급한 바 있는 「거여밀이」에서는 '조금 윤기가 있는 것은 엿과 꿀을 겉에 바른 것 때문이니 지금의 약과가 아니고 무엇이겠는가'라 하였다.[9]

과자 표면에 꿀과 조청을 합하여 집청하는 일은 궁중뿐만 아니라 사대부가에서도 보편적이었던 것 같다. 또한 지초기름은 튀김 용도가 아니라 색깔을 입히는 데 사용되었음을 알게 해준다. 말린 지초(芝草) 뿌리는 성(性)이 한(寒)하며 오달(五疸, 황달黃疸·곡달穀疸·주달酒疸·황한黃汗·여로달女勞疸)을 다스리고 수도(水道)를 통하게 할 뿐만 아니라 복종(服腫, 배 안의 종기)의 창만(脹滿, 배가 잔뜩 부어오름)과 악창(惡瘡, 고치기 힘든 모진 부스럼)을 주치하는 주요 한약재인데,[10] 〈원전〉에서의 지초는 바로 지초 뿌리 말린 것을 말한다. 지초 뿌리는 지용성 색소인 적색를 함유하고 있고, 이 적색은 붉은색의 과자를 만드는 데 더없이 중요한 재료로서 활용되고 있다.

과자 모양을 둥글게 한 것은 망구소(望口消)의 望이 '보름달 망'이기 때문이다. 지초물을 들인 사분백미(沙粉白米)로 고물을 입힌 홍망구소는 밀가루 : 조청 : 참기름의 비율을 16 : 1 : 2로 하여 만들었으므로 약과보다는 참기름을 더 넣고 조청을 적게 넣었다고 볼 수 있다. 그러므로 완성된 과자의 맛은 약과보다 씹히는 질감이 훨씬 부드럽지만 단맛은 덜한 과자가 된다.

사분백미란 모래와 같이 만든 찹쌀가루란 뜻이다. 찐 찹쌀을 바싹 말려 튀긴 다음 으깨어 가루로 만든 것이다.

4. 유사망구소

油沙望口消

재료 및 분량

| 원전 |

1643년 上末 5升 4合 / 油 1升 /
清 2合 2夕 / 造清 3合 3夕 /
黑湯 1升 4合 2夕 /
油沙上末 2升 4合 / 油 1合 4夕

환산분량 밀가루 3,240cc / 참기름 600cc / 꿀 132cc /
조청[白糖] 198cc / 흑당(黑糖) 852cc /
유사상말 1,440cc / 참기름 84cc

| 현대화한 분량(5인분) |

* 중력분 358g(2 2/3컵) / 조청(백당) 76g(2 2/3큰술) / 참기름 10g(5 2/3큰술) / 물 45g(3큰술)
* 조청(백당) 608g(1컵) / 흑당 304g(1/2컵 3 1/3큰술) / 꿀 30g(2큰술) / 물 30g(2큰술)
* 유사상말 135g(1 1/4컵) / 출유(참기름) 12g(1 1/3큰술) / 밀가루 160g(1 1/4컵)
* 식용유(튀김용)

❋ 만드는 법[11)]

반죽 만들기

1. 물 3큰술과 조청 2⅔큰술을 합하여 끓여서 차게 식힌다.
2. 중력분 2⅔컵과 참기름 5⅔큰술을 합하여 손바닥으로 잘 비빈 다음 굵은 체로 내린다. 여기에 (1)의 조청물을 넣고 잘 섞어 손으로 뭉치듯이 반죽한다.
3. (2)의 반죽을 밀방망이로 0.2cm 두께로 밀어서 지름 4cm의 원형 틀로 찍어낸다.

유사상말 만들기

4. 밀가루 1¼컵과 참기름 1⅓큰술을 합하여 손바닥으로 잘 비벼 굵은 체로 내린다. 이것을 팬에 담아 낮은 온도에서 나무주걱으로 저어 주면서 연한 갈색이 될 때까지 볶아 유사상말(油沙上末)을 만들어 접시에 펼쳐 담는다.

흑당 만들기

5. 냄비를 불에 올려놓고 조청 1컵을 담아 끓이는데, 갈색이 되면 불에서 내려 식혀 ½컵 3⅓큰술을 취하여 놓는다. 이것을 흑당(黑糖, 黑湯)이라 한다.
   이 흑당에 꿀 2큰술과 물 2큰술을 합하여 약한 불에 올려놓아 끓인다. 완전히 섞이면 불에서 내린다(조청 만드는 법은 중박계 참조).

유사망구소 만들기

6. 튀김용 식용유를 불에 올려놓고 낮은 온도 조건에서 (3)의 과자를 서서히 연한 갈색이 되도록 튀겨내어 기름을 뺀다.
7. (6)이 식기 전에 (5)의 꿀물에 담갔다가 건져 꿀물이 완전히 빠진 다음 (4)의 유사상말에 굴린다.

음식 이야기

홍망구소와 마찬가지로 밀가루 : 조청 : 참기름의 비율을 16 : 1 : 2로 하여 만든 유사망구소는 유사상말을 고물로 입힌 것에서 과자 명칭도 유사망구소라 하였다.

유사상말(油沙上末)이란 밀가루를 기름에 볶아 모래와 같이 만든 것이다. 보름달 형태로 만든 과자에 고물로 유사상말을 입힌 것이 유사망구소이다.

5. 백다식 白茶食

❋ 재료 및 분량

| 원전 |

1643년 上末 3升 2合 4夕 / 淸 2合 6夕 5分 / 造淸 3合 9夕 7分 5里

환산분량 밀가루 1,944cc / 꿀 158cc / 조청[白糖] 237cc

| 현대화한 분량(5인분) |

* 중력분 220g($1\frac{2}{3}$컵)
* 꿀 30g(2큰술) / 조청(백당) 95g($3\frac{1}{3}$큰술) / 물 15g(1큰술)

❋ 만드는 법[12]

1. 중력분 $1\frac{2}{3}$컵을 번철에 담아 아주 낮은 온도에서 익을 정도로만 하얗게 볶는다.
2. 꿀 2큰술, 조청 $3\frac{1}{3}$큰술, 물 1큰술을 합하여 끓여서 차게 식힌다.
3. (1)이 완전히 식으면 (2)의 꿀물을 합하여 반죽한다.
4. 다식판에 (3)을 박아낸다.

음식 이야기

이익은 『성호사설』「다식」에서 다음과 같이 기술하였다.[13]

'쌀가루를 꿀과 합하여 뭉쳐서 나무통 속에 넣고 짓이겨 동그란 떡을 만드는데… 이 다식은 송(宋)나라 때 대룡단(大龍團)과 소룡단(小龍團)이란 떡이 잘못 전해진 것이다 라고 생각한다. 어떤 집은 밥을 가루로 만들어서 다식을 박아 쓰기도 한다. 혹은 물고기・새・꽃・잎처럼 예쁘게 만들기도 하나 용단(龍團)에 비하면 점점 잘못된 것이다'

다식이 송나라 때 용단에서 비롯되었다는 것과 쌀가루가 당시 다식의 주재료이었음을 밝히고 있다. 한편, 밀가루를 재료로 한 다식법이 김수가 지은 『수운잡방』「다식법」에서 기록되어 있다.[14]

'밀가루 1말・꿀 1되・참기름 3홉・청주 3잔을 고르게 섞어 뭉치듯이 반죽하여 여러 모양의 틀에 찍어낸 다음 노구[鐺]에 펴 담고 뚜껑을 덮어서 밑에 숯불을 피워 굽는다.'

이 밀가루를 재료로 한 다식법은 고려 때 만들어 먹던 다식문화의 잔재인지도 모르겠다. 재료를 익혀 반죽하여 다식판에 찍어내는 다식법의 전 단계가 『수운잡방』의 「다식법」이 아닐까 한다.

6. 전단병 全丹餠

재료 및 분량

| 원전 |

1643년 上末 3升 / 淸 2合 4夕 / 造淸 3合 6夕 / 油 3合 7夕/ 黑湯 1升 4合 7夕

환산분량 밀가루 1,800cc / 꿀 144cc / 조청[白糖] 216cc / 참기름 222cc / 흑당(黑糖) 882cc

| 현대화한 분량(5인분) |

* 중력분 165g(1 1/2컵) / 참기름 30g(3큰술)
* 조청(백당) 608g(1컵) / 흑당 456g(3/4컵) / 물 30g(2큰술)
* 꿀 30g(2큰술) / 조청(백당) 60g(3큰술) / 물 10g(2작은술)

만드는 법[15)]

1. 중력분 1 1/2컵과 참기름 3큰술을 합하여 손바닥으로 잘 비빈 다음 굵은 체로 내린다. 이것을 팬에 담아 낮은 온도에서 나무주걱으로 저어 주면서 갈색이 될 때까지 볶는다.
2. 꿀 2큰술, 조청 3큰술, 물 2작은술을 합하여 끓여 식힌다.
3. (1)이 완전히 식으면 (2)의 꿀물을 합하여 반죽한다.
4. 냄비를 불에 올려놓고 조청 1컵을 담아 끓이는데, 갈색이 되면 불에서 내려 식혀 3/4컵을 취해 놓는다. 이것을 흑당(黑糖, 黑湯)이라 한다(조청 만드는 법은 중박계 참조).
5. (4)의 흑당과 물 2큰술을 합하여 약한 불에 올려놓고 끓인다. 완전히 섞이면 불에서 내린다.
6. 다식판에서 (3)의 반죽을 박아내어 (5)의 꿀물에 담갔다가 건져 꿀물을 완전히 뺀다.

음식 이야기

진단병(全丹餠)의 丹은 '붉은 단'이니까 완전히 붉게 만든 병(餠, 떡)이라는 의미를 지닌다. 앞의 백다식과 대응하여 밀가루를 볶아 갈색이 나게 하면서도 여기에 만족하지 않고 흑당을 짙게 발라 전단(全丹)의 색깔을 내게 하였다.

이익은 『성호사설』 「봉밀」에서

'음(陰)과 양(陽)의 물건이 모두 갖추어져 있는 벌에서 생산된 꿀은 달기가 꿀만한 것이 없기 때문에 모든 떡과 약과 등에 꿀을 넣지 않으면 아름답지 않다'

하였다. 그래서 '조상께서 살아 계실 때 이 꿀을 즐기고 좋아했다면 돌아가신 후에도 이 꿀을 제사에 쓰지 않을 수 없다'고 기술하고 있다.[16)]

꿀이란 음도 아니고 양도 아닌 음과 양을 전부 갖고 있는 평(平)한 식품으로 어떤 사람이 먹어도 해를 주지 않는 약(藥) 중의 약이란 의미이다. 밀가루 속에 꿀을 넣고 만든 과자를 그래서 약과(藥果)라 하였다.

7. 소운빙 小雲氷

❋ 재료 및 분량

| 원전 |

1643년 上末 2升 / 淸 5夕 5分 / 造淸 8夕 2分 2里 / 油 1合 1夕 / 汁淸 1夕 3里 / 造湯 1夕 5分 4里

환산분량 밀가루 1,200cc / 꿀 32cc / 조청[白糖] 48.8cc / 참기름 66cc / 즙청 6cc / 조청[白糖] 8cc

| 현대화한 분량(5인분) |

* 중력분 110g(1컵) / 꿀 8g(1작은술) / 조청(백당) 19g(2작은술) / 참기름 10g(1큰술) / 물 50g(3 1/3큰술)
* 즙청용 꿀 8g(1작은술) / 조청(백당) 10g(1작은술)
* 식용유(튀김용)

❋ 만드는 법[17)]

1. 물 3 1/3큰술, 조청 2작은술, 꿀 1작은술을 합하여 끓여서 차게 식힌다.
2. 중력분 1컵과 참기름 1큰술을 합하여 손바닥으로 잘 비빈 다음 굵은 체로 내린다. 여기에 (1)의 꿀물을 넣고 잘 섞어 손으로 뭉치듯이 반죽한다.
3. (2)의 반죽을 밀방망이로 0.1cm 두께로 밀어 가로와 세로를 각각 8cm되게 썬다.
4. 튀김용 식용유를 불에 올려놓고 높은 온도에서 (3)의 과자를 재빨리 튀겨내는데, 하얀 빛깔이 유지되도록 튀겨내어 기름을 뺀다.
5. 즙청용 꿀 1작은술과 조청 1작은술을 합해 놓는다 (조청 만드는 법은 중박계 참조).
6. (4)가 식기 전에 붓으로 (5)를 얇게 바른다.

음식 이야기

작은 구름 위에 있는 얼음 형태의 과자라는 뜻을 지닌 것이 소운빙(小雲氷)이다. 주재료에서 밀가루 : 청(淸, 꿀 +조청) : 참기름의 비율을 15 : 1 : 1 정도가 되게 하여 얇게 밀어 튀겨냈으므로, 질감은 파삭하면서도 부드럽다. 단맛 또한 약과보다 덜 하여서 부담감이 없는 과자이다.

8. 적미자아 赤味子兒

❋ 재료 및 분량

| 원전 |

1643년 上末 1升 2合 / 淸 8夕 2分 5里 / 造淸 1合 2夕 7分 8里 / 油 1合 7夕 3里 / 汁淸 1夕 5分 3里 / 造淸 2夕 3分

환산분량 밀가루 720cc / 꿀 48.8cc / 조청[白糖] 74.8cc / 참기름 102cc / 즙청 8cc / 조청[白糖] 13.2cc

| 현대화한 분량(5인분) |

* 중력분 165g(1 1/2컵) / 꿀 25g(1 2/3큰술) / 조청(백당) 76g(2 2/3큰술) / 참기름 33g(3 1/3큰술) / 물 45g(3큰술)

* 즙청용 꿀 8g(1작은술) / 조청(백당) 19g(2작은술) / 물 5g(1작은술)

* 식용유(튀김용)

❋ 만드는 법[18)]

1. 물 3큰술, 조청 2 2/3큰술, 꿀 1 2/3큰술을 합하여 끓여서 차게 식힌다.
2. 중력분 1 1/2컵과 참기름 3 1/3큰술을 합하여 손바닥으로 잘 비빈 다음 굵은 체로 내린다. 여기에 (1)의 꿀물을 넣고 잘 섞어 손으로 뭉치듯이 반죽한다.
3. (2)의 반죽을 작은 도토리 모양으로 빚는다.
4. 즙청용 꿀 1작은술, 조청 2작은술, 물 1작은술을 합하여 약한 불에 올려놓아 끓인다. 완전히 섞이면 불에서 내린다(조청 만드는 법은 중박계 참조).
5. 튀김용 식용유를 불에 올려놓고 낮은 온도에서 (3)의 과자를 서서히 갈색이 나도록 튀겨내어 기름을 뺀다.
6. (5)가 식기 전에 (4)의 꿀물에 담갔다가 건져 꿀물이 완전히 빠지도록 한다.

음식 이야기

적미자아(赤味子兒)의 兒는 '아이 아'로 작고 조그마한 것을 뜻하기 때문에 현재 알려진 율란(栗卵)에서의 卵과 兒는 같은 계열로서 형태도 비슷할 것이다.

밀가루 : 청(淸, 꿀 +조청) : 참기름의 비율을 10 : 2 : 1 정도가 되게 하여 만든 과자이므로 그 질감과 단맛은 약과보다 훨씬 부드럽고 달다.

9. 백미자아 白味子兒

재료 및 분량

| 원전 |

1643년 上末 1升 2合 / 淸 8夕 5分 2里 / 造淸 1合 2夕 7分 8里 / 油 1合 7夕 3里 / 淸 1夕 5分 3里 / 造湯 2夕 2分 9里

환산분량 밀가루 720cc / 꿀 50cc / 조청[白糖] 74.8cc / 참기름 102cc / 청 8cc / 조청[白糖] 12.8cc

| 현대화한 분량(5인분) |

* 중력분 165g(1 1/2컵) / 꿀 25g(1 2/3큰술) / 조청(백당) 76g(2 2/3큰술) / 참기름 33g(3 1/3큰술) / 물 45g(3큰술)
* 즙청용 꿀 8g(1작은술) / 조청(백당) 19g(2작은술) / 물 5g(1작은술)
* 식용유(튀김용)

만드는 법[19]

1. 물 3큰술, 조청 2 2/3큰술, 꿀 1 2/3큰술을 합하여 끓여서 차게 식힌다.
2. 중력분 1 1/2컵과 참기름 3 1/3큰술을 합하여 손바닥으로 잘 비빈 다음 굵은 체로 내린다. 여기에 (1)의 꿀물을 넣고 잘 섞어 손으로 뭉치듯이 반죽한다.
3. (2)의 반죽을 작은 도토리 모양으로 빚는다.
4. 즙청용 꿀 1작은술, 조청 2작은술, 물 1작은술을 합하여 약한 불에 올려놓아 끓인다. 완전히 섞이면 불에서 내린다(조청 만드는 법은 중박계 참조).
5. 튀김용 식용유를 불에 올려놓고 낮은 온도에서 (3)의 과자를 서서히 하얀 빛깔이 유지되도록 튀겨내어 기름을 뺀다.
6. (5)가 식기 전에 (4)의 꿀물에 담갔다가 건져 꿀물이 완전히 빠지도록 한다.

10. 송고미자아

松古味子兒

재료 및 분량

| 원전 |

1643년 熟松古 7兩 / 淸 8夕 / 造淸 1合 2夕 / 油 2合 3夕 / 膠粘末 2合 2夕 / 沙粉白米 7合 / 汁淸 2夕 / 造淸 3夕

환산분량 숙송기 280g / 꿀 48cc / 조청[白糖] 72cc / 참기름 138cc / 교점말 132cc / 사분백미 420cc / 즙청 12cc / 조청[白糖] 18cc

| 현대화한 분량(5인분) |

* 숙송기 280g / 꿀 50g(3 1/3큰술) / 조청(백당) 133g(4 2/3큰술) / 물 / 찹쌀가루[교점말] 65g(1/2컵 1큰술)
* 즙청용 꿀 15g(1큰술) / 조청(백당) 38g(1 1/3큰술) / 물 5g(1작은술)
* 사분백미 350g(1 3/4컵) / 찹쌀 400g(2컵)
* 식용유(튀김용) 105g(1/2컵 1 1/3큰술)

만드는 법[20)]

반죽 만들기

1. 소나무 속껍질을 벗겨 물을 충분히 넣고 뭉근한 불에서 오랫동안 삶아 연하게 만든다. 손으로 잡아당겼을 때 쉽게 끊어질 정도로 삶아 물기를 짜서 곱게 다져 숙송기[熟松古]를 만들어 280g을 취한다.
2. 물, 조청 4⅔큰술, 꿀 3⅓큰술을 합하여 끓여서 차게 식힌다.
3. (1)의 숙송기에 찹쌀가루 ½컵 1큰술을 넣고 (2)의 꿀물을 합하여 반죽한다. 물의 양은 찹쌀가루의 건조상태 및 송기의 수분상태에 따라 가감한다.
4. (3)을 작은 도토리 크기로 빚는다.

사분백미 만들기

5. 찹쌀 2컵을 3시간 이상 물에 담갔다가 찜통에서 익도록 쪄내어 찬물에 한 번 헹구어서 물기를 빼고 채반에 담아 햇볕에서 바싹 말려 건반(乾飯)을 만든다. 바닥이 두꺼운 냄비에 식용유를 담아 온도를 올린 후 건반을 넣고 확 일어나면 흰색이 유지되게끔 재빨리 건져내어 기름을 뺀다. 완전히 식으면 블렌더로 갈아서 체에 내려 접시에 펼쳐 담아 사분백미(沙粉白米)를 만든다.

송고미자아 만들기

6. 튀김용 식용유를 불에 올려놓고 낮은 온도에서 (4)의 과자를 서서히 연한 갈색이 나도록 튀겨내어 기름을 뺀다.
7. 즙청용 꿀 1큰술, 조청 1⅓큰술, 물 1작은술을 합하여 약한 불에 올려놓아 끓인다. 완전히 섞이면 불에서 내린다(조청 만드는 법은 중박계 참조).
8. (6)의 과자가 식기 전에 (7)의 꿀물에 담갔다가 건져 꿀물이 완전히 빠진 다음 (5)의 사분백미에 굴린다.

음식 이야기

작고 조그마하게 만들되, 재료에 송기[松古]를 넣었다 하여 송고미자아(松古味子兒)라고 하였다. 송기에 넣는 찹쌀가루를 교점말(膠粘末)이라고 한 까닭은 찹쌀가루가 송기의 접착제로서 사용되었기 때문이다.

송기는 松肌라고 쓰이기도 하는 송피(松皮), 즉 소나무의 속껍질이다. 조선시대 민가에서는 송기를 빨리 무르게 하기 위하여 잿물에 삶아 우려내어 쌀가루와 섞어 절구에 찧어서 익반죽한 다음 찜통에서 쪄내고는 다시 한번 떡메로 쳐서 여러 형태의 떡을 만들었다. 이 떡을 송기병(松肌餠) 또는 송지병(松脂餠)이라고 하였다. 송기는 구황식(救荒食 ; 기근 때에 곤궁을 구하여 돕는 음식) 식재료의 하나이기도 하였다.

송고병은 고려시대에도 크게 유행했던 떡 중의 하나였다. 이익은 『성호사설』「청호 송고」에서[21]

'『고려사』「조이전(趙彛傳)」에 상고하니 원(元)나라 승상(丞相) 안동(安童)은 김유(金裕)[22]가 속이는 말을 옳게 듣고 송고병(松古餠) 30근을 구하려고 사람을 보내 왔었다. 김유는 송고병이 소나무 위에서 저절로 생긴다고 했으나 실은 소나무 흰 껍질을 벗겨서 삶아 익힌 다음 절구에다 여러 차례 찧은 뒤에 꿀도 넣고 쌀가루도 섞어서 떡을 만든 것이었다 한다. 지금 시장에서 파는 떡 중에 송고병이 가장 많으니 전해온 풍속이 오래되어도 없어지지 않는 것이 이와 같다'

는 것이다. 이로 미루어 고려시대에도 널리 먹었지만 이익(1681~1763)의 시대에 송고병은 시장에서 가장 많이 파는 떡이었음을 알 수 있다.

11. 홍마조 紅亇條

※ 재료 및 분량

| 원전 |

1643년 上末 5升 4合 / 淸 3合 8夕 5分 /
造淸 5合 7夕 7分 5里 / 油 8夕 /
汁淸 1合 9夕/ 造淸 2合 8夕 5分/
沙粉白米 9合 4夕 / 芝草 2兩 / 出油 2合 3夕

환산분량 밀가루 3,240cc / 꿀 230cc / 조청[白糖] 344.8cc /
참기름 48cc / 즙청 114cc / 조청[白糖] 170cc /
사분백미 564cc / 지초 80g / 출유 138cc

| 현대화한 분량(5인분) |

* 중력분 150g(1컵 6큰술) / 꿀 25g(1 2/3큰술) / 조청(백당) 67g(2 1/3큰술) / 참기름 3g(1작은술) / 물 45g(3큰술)
* 즙청용 꿀 15g(1큰술) / 조청(백당) 38g(1 1/3큰술) / 물 5g(1작은술)
* 사분백미 50g(4큰술) / 찹쌀 50g(1/4컵) / 지초 8g / 출유(참기름) 10g(1큰술)
* 식용유(튀김용)

❋ 만드는 법[23)]

반죽 만들기

1. 물 3큰술, 조청 $2\frac{1}{3}$큰술, 꿀 $1\frac{2}{3}$큰술을 합하여 끓여서 차게 식힌다.
2. 중력분 1컵 6큰술과 참기름 1작은술을 합하여 손바닥으로 잘 비빈 다음 굵은 체로 내린다. 여기에 (1)의 꿀물을 넣고 잘 섞어 손으로 뭉치듯이 반죽한다.

사분백미 만들기

3. 지초 8g을 가위로 잘게 자른다. 냄비에 출유(참기름) 1큰술을 담아 불에 올려놓고 뜨겁게 달군다. 여기에 앞서 자른 지초를 넣어 붉은색이 우러나오도록 한다. 색이 우러나오면 기름만을 고운체로 밭쳐 식힌다.
4. 찹쌀 $\frac{1}{4}$컵을 3시간 이상 물에 담갔다가 찜통에서 익도록 쪄내어 찬물에 한 번 헹구어서 물기를 빼고 채반에 담아 햇볕에서 바싹 말려 건반(乾飯)을 만든다. 바닥이 두꺼운 냄비에 식용유를 담아 온도를 올린 후 건반을 넣고 확 일어나면 흰색이 유지되게끔 재빨리 건져 내어 기름을 뺀다. 완전히 식으면 (3)의 지초기름을 뿌려 붉은 물이 골고루 들게 한다. 이것을 말려 블렌더로 갈아서 체에 내려 접시에 펼쳐 담아 사분백미(沙粉白米)를 만든다.

홍마조 만들기

5. 즙청용 꿀 1큰술, 물 1작은술, 조청 $1\frac{1}{3}$큰술을 합하여 약한 불에 올려놓아 끓인다. 완전히 섞이면 불에서 내린다(조청 만드는 법은 중박계 참조).
6. (2)의 반죽을 밀방망이로 0.5cm 두께로 밀어 가로 1.5cm, 세로 10cm 되게 반듯하게 썬다.
7. 튀김용 식용유를 불에 올려놓고 낮은 온도에서 (6)의 과자를 서서히 연한 갈색이 나도록 튀겨내어 기름을 뺀다.
8. (7)의 과자가 식기 전에 (5)의 꿀물에 담갔다가 건져 꿀물이 완전히 빠진 다음 (4)의 사분백미에 굴린다.

음식 이야기

지초물을 들인 사분백미고물을 입힌 홍마조(紅亇條)의 亇는 '망치 마' 이고 條는 '길 조'이므로 그 형태는 망치와 비슷한 긴 막대 모양으로 만든 과자일 것이다.

밀가루 : 청(淸, 꿀 +조청) : 참기름의 비율이 65 : 11 : 1 정도가 되므로 참기름 분량은 무시해도 될 정도이지만, 대신에 꿀 분량을 많이 넣은 지극히 달게 만든 과자이다. 씹는 질감은 중박계보다도 훨씬 딱딱한 질감의 과자 형태가 되는 반면에 보존성을 높인 과자이다.

12. 유사마조 油沙亇條

❋ 재료 및 분량

| 원전 |

1643년 上末 5升 4合 / 淸 3合 8夕 5分 /
造淸 5合 7夕 7分 5里 / 油 3合 7夕 /
油沙上末 1升 3合 3夕 / 汁淸 1合 1夕 5分 /
造淸 1合 6夕 7分 5里 / 油 8合

환산분량 밀가루 3,240cc / 꿀 230cc / 조청[白糖] 344.8cc /
참기름 222cc / 유사상말 798cc / 즙청 68cc /
조청[白糖] 98.8cc / 참기름 480cc

| 현대화한 분량(5인분) |

* 중력분 150g(1컵 6큰술) / 꿀 25g(1 2/3큰술) / 조청(백당) 67g(2 1/3큰술) / 출유(참기름) 15g(1 2/3큰술) / 물 45g(3큰술)
* 즙청용 꿀 10g(2작은술) / 조청(백당) 19g(2작은술) / 물 5g(1작은술)
* 유사상말 36g(5 1/3큰술) / 밀가루 45g(5 1/3큰술) / 출유(참기름) 3g(1작은술)
* 식용유(튀김용) 45g(3 1/3큰술)

❋ 만드는 법[24)]

반죽 만들기

1. 물 3큰술, 조청 2⅓큰술, 꿀 1⅔큰술을 합하여 끓여서 차게 식힌다.
2. 중력분 1컵 6큰술과 참기름 1⅔큰술을 합하여 손바닥으로 잘 비빈 다음 굵은 체로 내린다. 여기에 (1)의 꿀물을 넣고 잘 섞어 손으로 뭉치듯이 반죽한다.
3. (2)의 반죽은 밀방망이로 0.5cm 두께로 밀어 가로 1.5cm, 세로 10cm가 되게 반듯하게 썬다.
4. 즙청용 꿀 2작은술, 조청 2작은술, 물 1작은술을 합하여 약한 불에 올려놓아 끓인다. 완전히 섞이면 불에서 내린다(조청 만드는 법은 중박계 참조).

유사상말 만들기

5. 밀가루 5⅓큰술과 참기름 1작은술을 합하여 손바닥으로 잘 비벼 굵은 체로 내린다. 이것을 팬에 담아 낮은 온도에서 나무주걱으로 저어 주면서 연한 갈색이 될 때까지 볶는다. 접시에 펼쳐 담아 식혀 유사상말(油沙上末)을 만든다.

유사마조 만들기

6. 튀김용 식용유를 불에 올려놓고 낮은 온도에서 (3)의 과자를 서서히 연한 갈색이 나도록 튀겨내어 기름을 뺀다.
7. (6)의 과자가 식기 전에 (4)의 꿀물에 담갔다가 건져 꿀물이 완전히 빠진 다음 (5)의 유사상말에 굴린다.

음식 이야기

유사마조의 재료 비율은 밀가루 : 청(淸, 꿀 +조청) : 참기름이 15 : 3 : 1 정도가 된다. 이 비율로 과자를 만들 경우 홍마조보다 부드러울지 모르지만 중박계보다는 딱딱한 질감의 과자가 된다. 홍마조보다 유사마조가 참기름 양이 많은 것은 홍마조 쪽이 지초물을 들이기 위하여 출유를 많이 쓰게 되면서 기름 양이 많아졌기 때문에 원재료의 기름 양을 줄인 것이라고 해석할 수 있다.

13. 송고마조 松古亇條

❋ 재료 및 분량

| 원전 |

1643년 熟松古 1斤 5兩 / 淸 2合 / 造淸 3合 / 油 3合 / 膠粘米 5合 / 沙粉白米 1升 8合 3夕

환산분량 숙송기 840g / 꿀 120cc / 조청[白糖] 180cc / 참기름 180cc / 교점미 300cc / 사분백미 1,098cc

| 현대화한 분량(5인분) |

* 숙송기 170g
* 꿀 25g(1 2/3큰술)
* 조청(백당) 76g(2 2/3큰술) / 물 5g(1작은술)
* 찹쌀(교점미) 50g(4큰술)
* 사분백미 200g(1컵) / 찹쌀 200g(1컵)
* 식용유(튀김용) 36g(2 2/3큰술)

14. 율미자 栗味子

❋ 재료 및 분량

| 원전 |

1643년 黃栗 1升 3合 / 油 1合 / 淸 1合 / 造淸 1合 5夕 / 膠粘米 1合 5夕/ 沙粉白米 8合 4夕 / 汁淸 2夕 5分 / 造湯 3夕 2分 5里

환산분량 황율 780cc / 참기름 60cc / 꿀 60cc / 조청[白糖] 90cc / 교점미 90cc / 사분백미 504cc / 즙청 14cc / 조청[白糖] 18.8cc

| 현대화한 분량(5인분) |

* 황율 225g(1 2/3컵) / 꿀 30g(2큰술) / 조청(백당) 86g(3큰술) / 찹쌀(교점미) 35g(3큰술) / 참기름 20g(2큰술)
* 즙청용 꿀 10g(2작은술) / 조청(백당) 19g(2작은술) / 물 5g(1작은술)
* 사분백미 210g(1컵 1큰술) / 찹쌀 250g(1 1/4컵)
* 식용유(튀김용)

❋ 만드는 법[26)]

반죽 만들기

1. 황율을 물에 충분히 불렸다가 찜통에서 무르도록 쪄낸다.
2. 찹쌀 3큰술을 3시간 이상 물에 충분히 불렸다가 소쿠리에 건져 물기를 뺀다. 찜통에 베보자기를 깔고 물기 뺀 찹쌀을 넣은 후 도중에 물을 고루 뿌려 위아래를 섞어 가면서 1시간 정도 무르도록 쪄낸다.
3. (1)과 (2)를 합하여 꿀, 조청, 참기름을 넣고 절구에서 찹쌀 밥알이 없어지도록 친다. 이것을 작은 도토리 크기로 빚는다(조청 만드는 법은 중박계 참조).

사분백미 만들기

4. 찹쌀 1 1/4컵을 3시간 이상 물에 담갔다가 찜통에서 익도록 쪄낸 다음 찬물에 한 번 헹구어 물기를 빼고 채반에 담아 햇볕에서 바싹 말려 건반(乾飯)을 만든다. 바닥이 두꺼운 냄비에 식용유를 담아 온도를 올린 후 건반을 넣고 확 일어나면 흰색이 유지되게끔 재빨리 건져내어 기름을 뺀다. 완전히 식으면 블렌더로 갈아서 체에 내려 접시에 펼쳐 담아 사분백미(沙粉白米)를 준비한다.

율미자 만들기

5. 즙청용 꿀 2작은술, 조청 2작은술, 물 1작은술을 합하여 약한 불에 올려놓아 끓인다. 완전히 섞이면 불에서 내린다.
6. (3)의 과자를 (5)의 꿀물에 담갔다가 건져 꿀물이 완전히 빠진 다음 (4)의 사분백미에 굴린다.

음식 이야기

『조선왕조 궁중연향식의궤』에 1795년부터 등장하는 율란(栗卵)[27]의 전신이 율미자일 것이다. 율미자는 율미자아(栗味子兒)라고도 하였으므로 유사미자아, 적미자아, 백미자아, 송고미자아, 율미자아는 같은 모양의 과자이다.

15. 유사미자아

油沙味子兒

❋ 재료 및 분량

| 원전 |

1643년 上末 1升 / 淸 1合 / 造淸 1合 5夕 /
油 1合 / 汁淸 2夕 5分/ 造淸 3夕 2分 5里

환산분량 밀가루 600cc / 꿀 60cc / 조청[白糖] 90cc /
참기름 60cc / 즙청 14cc / 조청[白糖] 18.8cc

| 현대화한 분량(5인분) |

* 중력분 265g(1 1/4컵) / 꿀 30g(2큰술)
  조청(백당) 60g(3큰술) / 출유(참기름) 20g(2큰술) /
  물 30g(2큰술)
* 즙청용 꿀 10g(2작은술) / 조청(백당) 19g(2작은술) /
  물 5g(1작은술)
* 유사상말 55g(1/2컵) / 출유(참기름) 6g(2작은술) /
  밀가루 85g(3/4컵)
* 식용유(튀김용)

❋ 만드는 법 1 [28]

반죽 만들기

1. 중력분 1 1/4컵과 참기름 2큰술을 합하여 손바닥으로 잘 비빈 다음 굵은 체로 내린다. 이것을 팬에 담아 낮은 온도에서 나무주걱으로 저어 주면서 연한 갈색이 될 때까지 볶는다.
2. (1)에 꿀 2큰술과 조청 3큰술을 합하여 뭉치듯이 반죽한다.
3. (2)를 작은 도토리 크기로 빚는다.

유사미자아 만들기

4. 즙청용 꿀 2작은술, 조청 2작은술, 물 1작은술을 합하여 약한 불에 올려놓아 끓인다. 완전히 섞이면 불에서 내린다(조청 만드는 법은 중박계 참조).
5. (3)의 과자가 식기 전에 (4)의 꿀물에 담갔다가 건져 꿀물을 완전히 뺀다.

❋ 만드는 법 2 [29]

반죽 만들기

1. 물 2큰술, 조청 3큰술, 꿀 2큰술을 합하여 끓여서 차게 식힌다.
2. 중력분 1 1/4컵과 참기름 2큰술을 합하여 손바닥으로 잘 비빈 다음 굵은 체로 내린다. 여기에 (1)의 꿀물을 넣고 뭉치듯이 반죽한다.
3. (2)의 반죽을 작은 도토리 모양으로 빚는다.

유사상말 만들기

4. 밀가루 3/4컵과 참기름 2작은술을 합하여 손바닥으로 잘 비벼서 굵은 체로 내린다. 이것을 팬에 담아 낮은 온도에서 나무주걱으로 저어 주면서 연한 갈색이 될 때까지 볶아 유사상말(油沙上末)을 만들어 접시에 펼쳐 담는다.

유사미자아 만들기

5. 즙청용 꿀 2작은술, 조청 2작은술, 물 1작은술을 합하여 약한 불에 올려놓아 끓인다. 완전히 섞이면 불에서 내린다.
6. 튀김용 식용유를 불에 올려놓고 낮은 온도에서 (3)의 과자를 서서히 갈색이 나도록 튀겨내어 기름을 뺀다.
7. (6)의 과자가 식기 전에 (5)의 꿀물에 담갔다가 건져 꿀물이 완전히 빠진 후 (4)의 유사상말에 굴린다.

음식 이야기

〈원전〉 재료에는 유사상말(油沙上末)을 나타내는 어떠한 것도 없으므로, 「만드는 방법 1」은 〈원전〉을 충실히 참작하여 제시하였다. 미자아(味子兒) 모양으로 만들어 유사상말 고물을 묻힌 것이 유사미자아라고 해석한다면, 「만드는 방법 2」가 유사미자아의 조리방법이 될 것이다. 실제로 1906년에 나온 『가례도감의궤』에서는 유사미자아의 재료와 분량을 다음과 같이 기술하고 있다.[30]

상말(上末)	3말[斗]
꿀[淸]	2말
참기름[眞油]	2말
백당(白糖)	15근(斤)
유사상말(油沙上末)	3되[升]

사진촬영은 「만드는 방법 2」를 택하여 하였음을 밝힌다.

16. 첨수 添水

❋ 재료 및 분량

| 원전 |

1643년 上末 5升 / 淸 2合 / 造淸 3合 / 油 3合 / 汁淸 9夕 / 造淸 1合 3夕 5分

환산분량 밀가루 3,000cc / 꿀 120cc / 조청[白糖] 180cc / 참기름 180cc / 즙청 54cc / 조청[白糖] 80cc

| 현대화한 분량(5인분) |

* 중력분 265g(1 1/4컵) / 꿀 10g(2작은술) / 조청(백당) 38g(1 1/3큰술) / 참기름 12g(1 1/3큰술) / 물 50g(3 1/3큰술)
* 즙청용 꿀 5g(1작은술) / 조청(백당) 19g(2작은술) / 물 5g(1작은술)
* 식용유(튀김용)
* 물

❋ 만드는 법[31)]

반죽 만들기

1. 물 3 1/3큰술, 조청 1 1/3큰술, 꿀 2작은술을 합하여 끓여서 차게 식힌다.
2. 중력분 1 1/4컵과 참기름 1 1/3큰술을 합하여 손바닥으로 잘 비빈 다음 굵은 체로 내린다. 여기에 (1)의 꿀물을 넣고 뭉치듯이 반죽한다.
3. (2)의 반죽을 밀방망이로 0.1cm 두께로 밀어서 가로 · 세로 각각 10cm가 되게 썬다.

첨수 만들기

4. 튀김용 식용유를 불에 올려놓고 낮은 온도에서 (3)의 과자를 서서히 연한 갈색이 나도록 튀겨내어 찬물에 담갔다가 즉시 건져서 물기를 뺀다.
5. 즙청용 꿀 1작은술, 조청 2작은술, 물 1작은술을 합하여 약한 불에 올려놓아 끓인다. 완전히 섞이면 불에서 내린다(조청 만드는 법은 중박계 참조).
6. (4)의 과자에 붓으로 (5)의 꿀물을 얇게 바른다.

음식 이야기

밀가루 : 청(淸, 꿀 +조청) : 참기름의 비율을 20 : 2 : 1 로 하여 만든 과자이다. 과자 명칭이 내포하는 첨수(添水)란 물을 더한다는 뜻이 있기 때문에 소운빙과 같이 만들되 튀겨낸 과자를 찬물에 담갔다가 즉시 건져내어 꿀물로 즙청하는 방법을 택하였다. 이렇게 만들면 독특한 질감의 과자가 된다.

17. 전어육 煎魚肉

❋ 재료 및 분량

| 원전 |

1643년 豬肉 10兩 / 豬肝 1/2部 / 中生鮮 1尾 / 軟鷄 1首 / 海蔘 10介 / 古物艮醬 6合 / 菉豆末 2合 / 胡椒 2錢 / 生芋 3錢 / 鹽 3合 / 芥子 2合 / 醋 2合 / 都煮油 1升 / 果隔次楮注紙 14丈

환산분량 돼지고기 400g / 돼지간 1/2부 / 중생선 1마리 / 연계 1마리 / 해삼 10개 / 간장 360cc / 녹두녹말가루 120cc / 후추 8g / 마늘 12g / 소금 180cc / 겨자 120cc / 초 120cc / 도자유 600cc / 과격차저주지 14장

※ 생우(生芋)는 원래 토란류를 가리키나 생강이나 마늘의 또 다른 명칭일 것이다. 이후 마늘로 번역하였다.

| 현대화한 분량(5인분) |

* 돼지고기 40g / 돼지간 40g / 생선살 40g / 연계다리 1개 / 건해삼 1개
* 소금 20cc(1 1/3큰술) / 후춧가루 1g
* 녹두녹말가루 15cc(1큰술), 물 1큰술
* 초간장 : 진간장 35cc(2 1/3큰술) / 다진 마늘 1g / 초 5cc(1작은술)
* 겨자즙 : 겨자가루 12g(2 1/2작은술) / 초 6cc(1작은술) / 물 약간
* 지짐기름(도자유) 60cc(4큰술)

만드는 법

1. 돼지고기, 돼지간, 생선을 얇고 넓게 저민다. 연계다리는 뼈에서 살을 분리하여 칼등으로 두들겨서 얇고 넓게 펼친다.

   건해삼은 냄비에 담아 물을 넣고 삶는데, 한 번 끓으면 그대로 식힌다. 다음날 식힌 해삼에 물을 약간 보충하여 삶아 다시 하룻밤 식힌다. 이렇게 세 번에서 다섯 번 정도 반복한 후 배를 갈라 내장과 모래를 깨끗이 제거한다. 만일 해삼에 짠기가 있으면 물에 우려 짠맛을 빼고 얇고 넓게 저민다.
2. (1)의 돼지고기, 돼지간, 생선살, 연계, 해삼을 넓은 접시에 펼쳐 담아 후춧가루 1g을 섞은 소금 1 1/3큰술을 뿌려 놓는다.
3. 녹두녹말가루 1큰술에 물 1큰술을 합하여 걸쭉하게 만든다. 이것을 붓으로 (2)에 바른 다음 지짐팬에 기름을 두르고 지져낸다.
4. 진간장, 다진 마늘, 초로 초간장을 만든다.
5. 겨자가루에 약간의 물을 넣고 되직하게 개어서 뜨거운 냄비뚜껑에 잠시 엎어 두어 매운맛을 낸다. 여기에 초를 넣어 겨자즙을 만든다.
6. (3)을 접시에 담고 (4)와 (5)를 곁들여 낸다.

음식 이야기

전어육(煎魚肉)은 전유아(煎油兒)[32] · 전유어(煎油魚)[33] · 전유화(煎油花)[34]로 점차 명칭 변화가 생겨나는데, 전 지질 때 입히는 옷도 녹두녹말가루 · 쌀가루 · 밀가루 · 쌀가루+달걀 · 밀가루+달걀로 점차 이행된다.[35] 여기에서는 녹두녹말가루로 옷을 입혀 기름에 지져낸 다음 초간장과 겨자장을 곁들이고 있다.

18. 만두 饅頭

※ 재료 및 분량 (5인분)

| 원전 |

1643년 上末 7升 5合 / 生猪肉 1斤 / 蔈古 1介 / 實栢子 1合 / 實胡挑 5分 / 生芋 2錢 / 醋 1合 / 油 1合

환산분량 밀가루 4,500cc / 돼지고기 640g / 표고버섯 1개 / 잣 60cc / 호두 2g / 마늘 8g / 초 60cc / 참기름 60cc

| 현대화한 분량(5인분) |

* 중력분 795g(3 3/4컵) / 물 200g(1컵)
* 돼지고기 130g / 표고버섯 1장 / 잣 8g(1큰술) / 호두 1g
* 양념 : 다진 마늘 2g / 초 15g(1큰술) / 출유(참기름) 10g(1큰술)

※ 만드는 법

1. 중력분 3 3/4컵과 물 1컵을 합하여 반죽한다.
2. 돼지고기, 표고버섯, 잣, 호두를 다져서 합하여 양념한다.
3. (1)의 밀가루반죽을 송편만한 크기로 떼어 송편 빚듯이 파서 (2)의 소를 넣고 반달 형태로 빚는다.
4. (3)을 찜통에서 쪄내는데, 김이 오르기 시작하면 20분 정도 찐다.
5. (4)를 접시에 담아 초장을 곁들여 낸다.

음식 이야기

만두소로 잣과 호두를 돼지고기, 표고버섯에 합하여 마늘, 초, 참기름만을 양념으로 넣고 있다. 이러한 현상은 뒤에 나오는 다른 찬품에도 나타나는 바, 따라서 필자는 원전에 없는 「초장」을 곁들여 내도록 하였다.

19. 산삼병 I 山蔘餠

❋ 재료 및 분량

| 원전 |

1643년 實山蔘 1 1/2斤 / 粘米 5升 / 淸 9合 / 油 9合 / 追淸 3合 /

환산분량 실산삼 960g / 찹쌀 3,000cc / 꿀 540cc / 참기름 540cc / 추청 180cc

| 현대화한 분량(5인분) |

* 인삼 96g / 찹쌀 165g(1 1/4컵)
* 참기름(지짐용) 34g(3 2/3큰술)
* 꿀 55g(3 2/3큰술)
* 꿀(추청) 20g(1 1/3큰술)

❋ 만드는 법

1. 찹쌀 1 1/4컵을 3시간 이상 물에 충분히 불려 소쿠리에 건져 물기를 뺀다. 찜통에 베보자기를 깔고 물기 뺀 찹쌀을 넣고는 도중에 물을 고루 뿌리고 위아래를 섞어 가며 1시간 정도 무르도록 쪄낸다.
2. 인삼은 깨끗이 손질하여 곱게 다진다.
3. (1)의 찹쌀밥을 안반에 쏟아 (2)의 인삼과 합하여 쌀알이 없어질 때까지 친다.
4. 넓은 쟁반에 꿀 3 2/3큰술을 발라 놓고 (3)의 친 떡을 길게 밤톨 두께의 막대 모양으로 만들어 꿀을 골고루 바른다.
5. (4)의 떡을 밤톨 크기로 떼어 갸름하게 빚어 지짐용 참기름을 두르고 지지듯이 튀겨낸다.
6. (5)를 접시에 담아 추청용 꿀을 곁들여 낸다.

음식 이야기

추청(追淸)의 追는 '쫓는 추' 淸은 '꿀 청'이므로, 해석한다면 '쫓아다니는 꿀', 즉 곁들이는 꿀이다. 일체의 소금 간을 하지 않은 찹쌀지에밥에 인삼을 넣고 떡메로 쳐서 일정한 크기로 떼어, 참기름을 두른 번철에서 지져낸 지짐떡에 꿀을 곁들여 낸 형태이다.

20. 산삼채 山蔘菜

재료 및 분량

| 원전 |

1643년 實山蔘 3兩 / 芥子 5夕

환산분량 실산삼 120g / 겨자 30cc

| 현대화한 분량(5인분) |

* 인삼 240g

* 겨자가루 35g(4큰술) / 물 45g(3큰술)

만드는 법

1. 인삼을 깨끗이 손질하여 얇게 저며 썬다.
2. 겨자가루와 물을 합하여 되직하게 개어서 뜨거운 냄비뚜껑에 잠시 엎어 두어 매운맛을 낸다.
3. (1)에 (2)를 합하여 버무려 접시에 담는다.

21. 송고병 松古餠

❋ 재료 및 분량

| 원전 |

1643년　粘米 5升 / 熟松古 $1\frac{1}{2}$斤 / 淸 9合 / 油 8合 / 追淸 3合

환산분량　찹쌀 3,000cc / 숙송기 960g / 꿀 540cc / 참기름 480cc / 추청 180cc

| 현대화한 분량(5인분) |

* 찹쌀 165g($1\frac{1}{4}$컵) / 숙송기 96g
* 꿀 55g($3\frac{2}{3}$큰술)
* 추청용 꿀 20g($1\frac{1}{3}$큰술)
* 참기름(지짐용) 33g($3\frac{1}{3}$큰술)

❋ 만드는 법

떡 반죽하기

1. 소나무 속껍질을 벗겨 물을 충분히 넣고 뭉근한 불에서 오랫동안 삶아 연하게 만든다. 손으로 잡아당겼을 때 쉽게 끊어질 정도로 삶는다. 이것의 물기를 짜서 곱게 다져 숙송기[熟松古]를 만들어 96g을 취한다.
2. 찹쌀 $1\frac{1}{4}$컵을 3시간 이상 물에 충분히 불려 소쿠리에 건져 물기를 뺀다. 찜통에 베보자기를 깔고 물기 뺀 찹쌀을 넣고는 도중에 물을 고루 뿌려 위아래를 섞어 가면서 1시간 정도 무르도록 쪄낸다.
3. (2)의 찹쌀밥을 안반에 쏟아 (1)의 숙송기를 합하여 쌀알이 없어질 때까지 친다.

송고병 만들기

4. 넓은 쟁반에 꿀 $3\frac{2}{3}$큰술을 발라 놓고 (3)의 친 떡을 길게 밤톨 두께의 막대 모양으로 만들어 꿀을 골고루 바른다.
5. (4)의 떡을 밤톨 크기로 떼어 갸름하게 빚어 지짐팬에 지짐용 참기름을 두르고 지지듯이 튀겨낸다.
6. (5)를 섭시에 담아 추청용 꿀을 곁들여 낸다.

음식 이야기

과자류에 속하는 송고마조와 떡류에 속하는 송고병의 차이는 송고마조는 찹쌀(60cc)에 비하여 숙송기(168g) 양이 많고, 송고병은 숙송기(96g)에 비하여 찹쌀(300g) 양이 많은 것에 있다. 그러니까 송고마조에서 숙송기가 주 재료이고 찹쌀은 다만 숙송기를 접착시키는 접착제 역할을 한 반면, 송고병은 찹쌀이 주 재료이고 숙송기는 다만 맛을 내는 역할을 하고 있다.

22. 백산자 白散子

❋ 재료 및 분량

| 원전 |

1643년 中末 1升 5合 / 油 7夕 5里 / 乾飯 3合 7夕 5里 / 煮油 7夕 5里 / 黑湯 5合 4里

환산분량 밀가루 900cc / 참기름 42cc / 건반 222cc / 자유 42cc / 흑당[黑糖] 300cc

| 현대화한 분량(5인분) |

* 중력분 165g($1\frac{1}{2}$컵) / 출유(참기름) 12g($1\frac{1}{3}$큰술) / 물 90g(6큰술)
* 흑당 228g($\frac{1}{2}$컵) / 조청(백당) 608g(1컵) / 물 20g($1\frac{1}{3}$큰술)
* 건반 90cc(6큰술) / 찹쌀 50g(6큰술) / 지짐기름(자유) 15g($1\frac{1}{3}$큰술)
* 식용유(튀김용)

만드는 법 1

반죽 만들기

1. 중력분 1½컵과 참기름 1⅓큰술을 합하여 손바닥으로 잘 비빈 다음 굵은 체로 내린다. 여기에 분량의 물을 넣고 반죽한다.
2. (1)의 반죽을 밀방망이로 0.2cm 두께로 밀어서 가로 4cm, 세로 5cm가 되게 직사각형으로 썬다.

건반 만들기

3. 찹쌀 6큰술을 3시간 이상 물에 불려서 찜통에 넣고 무르도록 쪄내어 찬물로 한 번 헹군 후 물기를 빼고 채반에 담아 햇볕에서 바싹 말려 건반(乾飯)을 만든다. 바닥이 두꺼운 냄비에 자유 1⅓큰술을 담아 온도를 올린 후 건반을 넣고 확 일어나면 흰색이 유지되게끔 재빨리 건져내어 기름을 뺀다. 접시에 펼쳐 담아 식힌다.

백산자 만들기

4. 튀김용 식용유를 튀김냄비에 담아 약한 불에 올려놓고 낮은 온도에서 (2)의 과자를 연한 갈색이 되게 튀겨내어 기름을 뺀다.
5. 냄비를 불에 올려놓고 조청 1컵을 담아 갈색이 될 때까지 끓여 식혀서 ½컵을 준비한다. 이것을 흑당(黑糖, 黑湯)이라고 한다. 이 흑당에 물 1⅓큰술을 합하여 약한 불에 올려놓아 끓인다. 완전히 섞이면 불에서 내린다(조청 만드는 법은 중박계 참조).
6. (4)가 식기 전에 (5)의 흑당물에 담갔다 건져 흑당물이 완전히 빠진 후 (3)의 건반을 묻힌다.

만드는 법 2

반죽 만들기

1. 중력분 1½컵와 참기름 1⅓큰술을 합하여 손바닥으로 잘 비빈 다음 굵은 체로 내린다. 여기에 분량의 물을 넣고 반죽한다.
2. (1)의 반죽을 밀방망이로 0.2cm 두께로 밀어서 가로 4cm, 세로 5cm가 되게 직사각형으로 썬다.

사분말 만들기

3. 찹쌀 6큰술을 3시간 이상 물에 불려서 찜통에 넣고 무르도록 쪄내어 찬물로 한 번 헹군 후 물기를 빼고 채반에 담아 햇볕에서 바싹 말려 건반(乾飯)을 만든다. 바닥이 두꺼운 냄비에 자유 $1\frac{1}{3}$큰술을 담아 온도를 올린 후 건반을 넣고 확 일어나면 흰색이 유지되게끔 재빨리 건져내어 기름을 뺀다. 이것을 식혀 블렌더로 갈아 체에 내려서 접시에 담는다(사분말).

백산자 만들기

4. 튀김용 식용유를 튀김냄비에 담아 약한 불에 올려놓고 낮은 온도에서 (2)의 과자를 연한 갈색이 되게 튀겨내어 기름을 뺀다.
5. 냄비를 불에 올려놓고 조청 1컵을 담아 갈색이 될 때까지 끓여 식혀서 흑당(黑糖, 黑湯)을 만들어 $\frac{1}{2}$컵을 준비한다. 이 흑당에 물 $1\frac{1}{3}$큰술을 합하여 약한 불에 올려놓아 끓인다. 완전히 섞이면 불에서 내린다(조청 만드는 법은 중박계 참조).
6. (4)가 식기 전에 (5)의 흑당물에 담갔다 건져 흑당물이 완전히 빠진 후 (3)의 사분말에 굴린다.

음식 이야기

과자이름을 산자(散子)라 한 것은 볶은 벼를 뜻하는 산자(糤子)에서 유래하였다. 찰벼[糯]를 껍질 그대로 솥에 넣어 볶으면 속에 들어 있는 쌀이 튀어 흩어지는 까닭에 산자라고 하였다는 것이다.[36]

그러나 이익이 살던 시기에는 찰벼를 껍질 그대로 솥에 넣어 볶는 대신에 쪄서 바싹 말린 찹쌀밥을 기름으로 튀겨 썼던 것 같다. 이에 대하여 이익은 '지금 풍속에 기름으로 튀긴 찹쌀을 통칭 산자라고 하는데, 이는 제대로 되지 않은 말이다'라고 하였다. 덧붙여 그는 말하기를

> '별도로 떡을 네모나게 얇게 만들어 기름에 튀기고 엿을 발라서 튀밥을 붙여 이를 산자라 한 것은 의의가 튀밥에 있는 것이지 떡에 있는 것이 아니다.'

라고 하였다. 튀밥을 붙였기 때문에 과자이름을 산자라고 한 이 튀밥은 쪄서 익혀 바싹 말린 찹쌀밥[乾飯]을 기름에 튀긴 것이므로 소위 건반(乾飯)에 해당된다. 이것의 전 단계가 찰벼를 껍질 그대로 솥에 넣어 볶는 형태가 될 것이다. 이익이 살던 시절 훨씬 전인 1643년 궁중에서는 이미 건반을 기름에 튀겨 백산자 고물로 쓰고 있었다.

사진촬영은 「만드는 방법 1」을 택하여 하였음을 밝힌다.

23. 홍산자 紅散子

❋ 재료 및 분량

| 원전 |

1643년 中末 1升 5合 / 油 7夕 5里 / 乾飯 3合 7夕 5里 / 煮油 7夕 5里 / 芝草 2錢 2分 / 沙粉末 3夕 / 出油 2夕 3里 / 黑湯 5合 4里

환산분량 밀가루 900cc / 참기름 42cc / 건반 222cc / 자유 42cc / 지초 8.8g / 사분말 18cc / 출유 12cc / 흑당[黑糖] 300cc

| 현대화한 분량(5인분) |

* 중력분 165g(1 1/2컵) / 참기름 12g(1 1/3큰술) / 물 90g(6큰술)
* 흑당 304g(1/2컵) / 조청(백당) 608g(1컵) / 물 20g(1 1/3큰술)
* 건반 90cc(6큰술) / 찹쌀 42g(5큰술) / 지짐기름(자유) 15g(1 1/3큰술)
* 사분말(사분백미) 8g(2작은술) / 출유(참기름) 3g(1작은술) / 지초 4g
* 식용유(튀김용)

❋ 만드는 법

반죽 만들기

1. 중력분 1 1/2컵과 참기름 1 1/3큰술을 합하여 손바닥으로 잘 비빈 다음 굵은 체로 내린다. 여기에 분량의 물을 넣고 반죽한다.
2. (1)의 반죽을 밀방망이로 0.2cm 두께로 밀어서 가로 4cm, 세로 5cm가 되게 직사각형으로 썬다.

건반 만들기

3. 찹쌀 5큰술을 3시간 이상 물에 불린 다음 찜통에서 무르도록 쪄내어 찬물로 한 번 헹구어서 물기를 빼고 채반에 담아 햇볕에서 바싹 말려 건반(乾飯)을 만든다. 바닥이 두꺼운 냄비에 자유 1 1/3큰술을 담아 온도를 올린 후 건반을 넣고 확 일어나면 흰색이 유지되게끔 재빨리 건져내어 기름을 뺀다. 접시에 펼쳐 담아 식힌다.

사분말, 사분백미 만들기

4. 지초를 가위로 잘게 자른다. 냄비에 출유(참기름) 1작은술을 담아 불에 올려놓고 뜨겁게 달군다. 여기에 앞서 자른 지초를 넣어 붉은색이 우러나오도록 한다. 색이 우러나오면 기름만을 고운체로 밭쳐 식힌다(지초기름). (3)의 건반에서 1큰술을 취하여 지초 기름을 뿌린다. 붉은 물이 골고루 들면 말려서 블렌더로 갈아 체에 내려 접시에 담아 사분말을 준비한다(사분말, 사분백미).

홍산자 만들기

5. 냄비를 불에 올려놓고 조청 1컵을 담아 갈색이 될 때까지 끓여 식혀서 흑당(黑糖, 黑湯)을 만들어 1/2컵을 준비한다. 이 흑당에 물 1 1/3큰술을 합하여 약한 불에 올려놓아 끓인다. 완전히 섞이면 불에서 내린다(조청 만드는 법은 중박계 참조).
6. 튀김용 식용유를 튀김냄비에 담아 약한 불에 올려놓고 낮은 온도에서 (2)의 과자를 연한 갈색이 되게 튀겨내어 기름을 뺀다.

7. (6)이 식기 전에 (5)의 흑당물에 담갔다가 건져 흑당물이 완전히 빠진 후 (3)의 건반을 묻힌다.
8. (7)의 과자에 (4)의 사분말을 뿌려 붉은색이 들도록 한다.

24. 채수절 菜隨節

※ 재료 및 분량

| 원전 |

1643년 水芹 1握 / 菁根 5介 / 淸醬 7夕 / 油 1夕 / 鹽 1夕 / 醋 6里

환산분량 미나리 1주먹 / 무 5개 / 청장 42cc / 참기름 6cc / 소금 6cc / 초 약간

| 현대화한 분량(5인분) |

* 미나리 20줄기 / 무(小) 150g(2 1/2개)
* 양념 : 청장 25g(1 1/3큰술) / 출유(참기름) 6g(1/2작은술) / 소금 2g(1/2작은술) / 식초 약간

※ 만드는 법

1. 미나리를 씻어 잎을 따버리고 4cm 길이로 썬다. 무도 4cm 길이로 채 썬다.
2. (1)에 양념장을 합하여 버무린다.

음식 이야기

채수절(菜隨節)에서 隨는 '붙일 수', '더할 수'이고, 節은 '마디 절'이므로 채를 마디로 잘라 양념을 더했다는 의미이다. 즉, 오늘날 「나물」이라 부르는 궁중용어가 「채수절」이다.

25. 홍합초 紅蛤炒

※ 재료 및 분량

| 원전 |

1643년 紅蛤 5合 / 醋 1合 / 艮醬 1合 / 油 2夕 / 生芋 1錢

환산분량 홍합 300cc / 초 60cc / 간장 60cc / 참기름 12cc / 마늘 4g

| 현대화한 분량(5인분) |

* 홍합살 300g(1 1/4컵)

* 양념 : 초(4큰술) → 22g(1 1/2큰술) / 진간장(4큰술) → 25g(1 1/2큰술) / 저민 마늘 4g

* 출유(참기름) 10g(1큰술)

※ 초와 간장이 가진 산도와 염도는 조선시대가 지금보다 훨씬 낮았으므로, 각각의 양을 '원전'보다 줄였다.

※ 만드는 법

1. 생홍합에 붙어 있는 털과 얇은 막을 떼어내고 다듬어서 끓는 물에 살짝 데쳐내어 물기를 뺀다.
2. 냄비에 양념을 담아 불에 올려놓고 끓이는데, 끓어오르면 (1)의 홍합을 넣고 약한 불에서 서서히 조린다. 조리는 도중에 장물을 끼얹어 전체에 간이 배도록 한다. 물기가 없이 바싹 조리도록 한다.
3. (2)가 완성되면 참기름 1큰술을 넣어 윤기가 나게 한다.

26. 세면 細麵

※ 재료 및 분량

| 원전 |

1643년 菉豆末 1升 / 五味子 3合 / 清蜜 2合

환산분량 녹두녹말가루 600cc / 오미자 180cc / 꿀 120cc

| 현대화한 분량(5인분) |

* 녹두녹말가루 550g(5컵) / 물 500g(2 1/2컵)

* 오미자 360cc(1 1/2컵) / 물 2,000g(10컵) / 꿀 240g(1컵)

※ 만드는 법[37]

1. 녹두녹말가루 5컵과 물 2 1/2컵을 합하여 묽게 만들어 춤이 얕은 놋그릇 뚜껑에 얇게 편 다음 끓는 물에 담가 익힌다. 골고루 익어 투명해지면 찬물에 넣었다가 꺼내어 얇고 길쭉하게 썬다.
2. 오미자 1 1/2컵을 물에 씻어서 찬물 10컵을 붓고 하룻밤 우려내어 고운체로 내린다. 여기에 꿀 1컵을 넣고 잘 푼다.
3. (1)을 탕기에 담아 (2)를 부어 낸다.

음식 이야기

『주방문』「착면」에는 100% 녹두녹말가루로 면 만드는 법을 다음과 같이 기술하고 있다.[38]

'녹말을 물에 타 춤 얕은 놋그릇 뚜껑에 얇게 편 후 끓는 물에 담갔다가 골고루 익거든 찬물에 넣었다 꺼내 떼어내 길쭉하게 썰어 사면(絲麵)하듯 하여 쓴다'

'사면 하듯 쓴다'는 말은 국수국물로 깻국이나 오미자꿀물을 사용한다는 이야기인데, 『음식지미방』「토장법 녹두나화」에서는 '사면가루(녹두녹말가루)를 물에 풀어 넓은 그릇에 펴 놓고 끓는 물에 중탕하여 말갛게 익은 것을 냉수에 담갔다가 떠서 식은 후 썬다. 볶은 참깨를 냉수에 걸러서 말면 「토장녹두나화」라 하고 오미자국에 말면 「착면」이라 한다.' 하였다.[39] 이로서 원전에 나오는 「세면(細麵)」을 반가에서는 「착면(着麵)」이라 하였음을 알 수 있다.

27. 별탕수과제탕 別湯水瓜制湯

❋ 재료 및 분량

| 원전 |

1643년 生雉 1/4首 / 生鮮 1/4尾 / 油 2夕/ 沉瓜 2介 / 醢水 1合 5夕 / 生芋 1錢

환산분량 꿩 1/4마리 / 생선 1/4마리 / 참기름 12cc / 오이지 2개 / 젓액 90cc / 마늘 4g

| 현대화한 분량(5인분) |

* 꿩 1/2마리 / 숭어(1/2마리) 200g / 오이지 4개
* 양념 : 다진 마늘 8g / 참기름 6g(2작은술)
* 참기름 10g(1큰술)
* 새우젓액(3/4컵) → 70g(4큰술)
* 물 15컵

※ 새우젓액이 가진 염도는 조선시대가 지금보다 낮았으므로 양을 '원전'보다 줄였다.

❋ 만드는 법

1. 꿩 1/2마리에 물 15컵을 붓고 끓여 육수를 만드는데, 도중에 물을 보충해 가면서 끓인다. 고기가 물러지면 국물은 체로 밭치고 꿩고기는 뜯어 다져 놓는다.
2. 오이지가 짤 경우 물에 담가 짠기를 빼고 물기를 꼭 짠 다음 곱게 다진다.
3. 숭어 1/2마리를 찜기에 담아 쪄서 살만 발라낸다.
4. (1)의 꿩고기, (2)의 오이지, (3)의 생선살에 양념을 합하여 밤톨 크기의 둥글 넙적한 완자로 빚어서 번철에 참기름 1큰술을 두르고 지져낸다.
5. (1)의 육수에 새우젓액 4큰술을 넣어 간을 맞춘 후 불에 올려놓아 한소끔 끓인다.
6. 탕기에 (4)를 담아 (5)의 육수를 부어 낸다.

28. 계탕 鷄湯

❋ 재료 및 분량

| 원전 |

1643년 鷄 1首 / 綠豆末 8夕 / 胡椒 2夕/ 鹽 4夕 / 葱 1本 / 鷄卵 1介

환산분량 닭 1마리 / 녹두녹말가루 48cc / 후추 12cc / 소금 24cc / 파 1뿌리 / 계란 1개

| 현대화한 분량(5인분) |

* 닭(1마리) 1kg / 녹두녹말가루(3 1/3큰술)
* 양념 : 후춧가루 1g(1/3작은술) / 소금 4g(1작은술)
* 물 15컵 / 소금 15g(1 1/3큰술)
* 후춧가루 6g(2작은술) / 대파 1뿌리 / 계란 1개

❋ 만드는 법[40)]

1. 냄비에 물 15컵을 넣고 닭을 넣어 고기가 무르도록 삶는다. 도중에 물을 보충하면서 끓인다. 완성되면 고기는 건져서 뜯어 놓고 육수는 체로 걸러서 식혀 기름을 걷어낸 다음 소금 1 1/3큰술로 간을 한다.
2. (1)에서 뜯어낸 닭고기는 곱게 다져 양념하여 작은 밤톨만한 크기로 빚는다. 이것을 녹두녹말가루 3 1/3큰술에 굴려 끓는 물에 살짝 삶아내어 냉수에 담갔다가 재빨리 건져낸다.
3. 대파를 어슷어슷 썰어 놓는다. 계란은 흰자와 노른자를 합하여 풀어 놓는다.
4. (1)의 육수를 냄비에 담아 끓인다. 펄펄 끓을 때 (3)의 대파를 넣고 한소끔 끓으면 (3)의 계란으로 줄알을 친다.
5. 탕기에 (2)를 담아 (4)의 육수를 붓고 후춧가루를 뿌려낸다.

29. 상화병 I 床花餠

재료 및 분량

| 원전 |

1643년 上末 1斤 15兩 7錢 / 含兒猪肉 1斤 / 蔓靑根 10介 / 醋 1合 / 起酒 1升 5合 / 胡椒 1錢 / 生芋 5分

환산분량 밀가루 1,268g / 돼지고기 640g / 순무 10개 / 초 60cc / 기주 900cc / 후추 4g / 마늘 2g

| 현대화한 분량(5인분) |

* 중력분 635g(2 1/2컵 2 1/3큰술) / 생막걸리(기주) 375g(1 7/8컵)
* 돼지고기 320g / 순무 50g(5개)
* 양념 : 후춧가루 2g / 식초 30g(2큰술) / 다진 마늘 1g

❋ 만드는 법[41)]

반죽 만들기

1. 중력분 2 1/2컵 2 1/3큰술을 고운체로 내려서 생막걸리 1 7/8컵과 합하여 질게 반죽한 다음 30℃ 정도의 온도에서 뚜껑을 단단히 덮고 5시간 정도 놓아둔다. 부풀어 올라 벌집처럼 되면 발효된 것이다. 이것을 숟가락으로 저어주어 공기를 뺀다.

소 만들기

2. 돼지고기는 곱게 다져 놓는다. 순무는 채로 썰어 냄비에 담아 푹 익혀서 물기를 짠 다음, 곱게 다져 놓은 돼지고기와 합하여 양념하여 소로 한다.

상화병 I 만들기

3. 베보자기를 깐 찜통에 참기름을 바른 작은 종지를 죽 올려놓고 종지에 (1)의 반죽을 숟가락으로 떠서 담는다. 가운데에 (2)의 소를 올려놓은 다음 소가 덮히도록 다시 (1)의 반죽을 숟가락으로 떠서 올려놓는다. 베보자기로 덮고 뚜껑을 씌운다.
4. (3)에 불을 들여 쪄내는데, 김이 오르기 시작하면 20분 정도 찌고 10분 정도 뜸들인다.
5. 완성된 (4)의 상화병이 식으면 접시에 담고 초장을 곁들여낸다.

음식 이야기

『주방문』「상화」에서 기주(起酒) 만드는 법을 다음과 같이 기술하고 있다.[42]

'백미(쌀 1되)로 죽을 쑤어 식힌다. 붉은 물을 우려낸(따라 버린) 누룩(5홉 정도)을 새로운 물에 담가 오랫동안 주무르면 뿌연 물이 생긴다. 이것을 백미죽에 섞어 따뜻한 곳에 놓아둔다. 이틀 후 다시 백미로 죽을 쑤어(밑술이 2되 정도되면 백미 5홉으로 죽을 쑨다) 덧술하여 항아리에 담는다.

항아리를 따뜻하게 해주면 그 다음날 술이 괸다.

밀가루를 곱게 체로 쳐서 술을 넣고 질쭉하게 반죽하여 부풀어 일거든 시루에 증편 찌듯 한다. 소는 팥소나 콩가루에 꿀을 섞어 쓰고 또 채소를 넣어도 좋다. 반죽은 질쭉해야 부드럽다'

기주는 소위 생쌀막걸리(멸균하지 않은 쌀 막걸리)이다.

30. 적저육 炙猪肉

❋ 재료 및 분량

| 원전 |

1643년 豬肉 1斤 / 鹽 4夕 / 油 2夕

환산분량 돼지고기 640g / 소금 24cc / 참기름 12cc

| 현대화한 분량(5인분) |

* 돼지사태육 640g
* 소금 20g(1 2/3큰술) / 참기름 10g(1큰술)
* 쌀뜨물

❋ 만드는 법[43]

1. 돼지사태육을 세 덩어리로 썰어 쇠꽂이에 꿴다.
2. 소금과 참기름을 합하여 기름장을 만든다.
3. 숯불 위에 석쇠를 올려놓고 (1)을 쌀뜨물에 여러 번 담가 손으로 자주 뒤집어가면서 반복하여 굽는데, 이때 (2)의 기름장을 붓으로 발라가면서 굽는다. 대꽂이로 살을 찔러 기름장이 배도록 한다.

음식 이야기

『규합총서』「돼지고기 굽는 법」에는

'쇠꽂이에 돼지고기 큰 덩어리를 꿰어 숯불에 굽는데, 속뜨물에 여러 번 담가 다시 구운 후, 손으로 자주 뒤집어 대꽂이로 살을 찔러 기름장이 배도록 발라 구워 먹는다. 이것이 중국식 돼지고기 굽는 법이다'

라 하였다.[44] 청나라 사신 접대를 위한 찬품이므로 원전의 만드는 방법은 이를 채택하였다.

31. 적생선 炙生鮮

❋ 재료 및 분량

| 원전 |

1643년 生鮮 半尾 / 油 2夕 / 鹽 4夕

환산분량 생선 1/2마리 / 소금 12cc / 참기름 24cc

| 현대화한 분량(5인분) |

* 민어(小) 400g
* 소금 11g(1큰술) / 참기름 16g(1 2/3큰술)

❋ 만드는 법[45]

1. 싱싱한 민어의 비늘을 긁고 내장을 빼서 깨끗이 씻은 다음 기다란 쇠꽂이로 입에서부터 꿰어 불에서 멀리 두고 자주 뒤집어가면서 굽는다. 생선즙이 저절로 입으로 나올 때 불에서 떼어내어 식힌다.
2. 소금과 참기름을 합한다.
3. (1)을 토막 쳐서 (2)의 기름장을 발라 재워둔다.
4. 석쇠를 잘 달구어 (3)을 얹어 굽는데, 가끔 남은 양념을 발라가면서 앞과 뒤를 고루 굽는다.

음식 이야기

『규합총서』의 「생선 굽는 법」을 채택하여 만드는 방법을 제시하였다. 이렇게 할 경우 1차 굽기에서 훈제가 되면서 단백질이 응고되므로 2차 굽기에서는 생선의 형태가 유지되고 독특한 훈제된 맛이 생기게 된다.

32. 저육장포 猪肉醬泡

재료 및 분량

| 원전 |

1643년 豬肉 10兩 / 艮醬 10合 / 油 3夕 / 胡椒 2分 / 葱 1本

환산분량 돼지고기 400g / 간장 600cc / 참기름 18cc / 후추 0.8g / 파 1뿌리

| 현대화한 분량(5인분) |

* 돼지고기 400g / 대파 1뿌리

* 양념 : 간장 680g(2 1/2컵) / 참기름 12g(1 1/3큰술) / 후추 1g

만드는 법[46)]

1. 돼지고기를 작은 밤톨 크기로 썬다.
2. 대파는 3cm 길이로 송송 썬다.
3. 냄비에 (1)과 (2)를 담고 양념을 합하여 소쿠라지게(푹) 끓인다.
4. 그릇에 (3)을 담는데, 돼지고기가 간장국물에 잠길 정도로 국물을 넉넉히 담아낸다.

음식 이야기

『주산』에는 「저육장」 조리방법이 기술되어 있다.[47)]

'돼지고기와 두부를 깍둑썰기로 도톰하게 썰어서 새우젓이나 조개젓으로 간을 맞추어 파, 기름, 마늘을 넣고 소쿠라지게 끓이면 연하고 좋다'

두부를 포(泡)라고 했기 때문에[48)] 두부가 들어간 이 「저육장」이 오히려 「저육장포」에 가깝다. 따라서 원전에서의 「저육장포」 재료로 돼지고기만 기록된 것은, 두부의 누락일 수도 있겠다.

33. 저육볶기 猪肉甫只

❋ 재료 및 분량

| 원전 |

1643년 猪肉 9兩 / 甘醬 1合 / 醋 1夕 / 鹽 3夕 / 葱 1本 / 川椒 3分

환산분량 돼지고기 360g / 간장 60cc / 초 6cc / 소금 18cc / 파 1뿌리 / 천초 1.2g

| 현대화한 분량(5인분) |

* 돼지고기 360g / 대파 1뿌리
* 양념 : 진간장 25g(1 1/2큰술) / 식초 2g(1/2작은술)
* 소금물 : 소금 13g(1 1/5큰술) / 물 180g(3/4컵)
* 물 100g(1/2컵)
* 천초가루 1g

❋ 만드는 법[49)]

1. 돼지고기를 얇게 편으로 썰어 소금물로 씻는다. 대파도 편으로 썰어 돼지고기와 합한다.
2. (1)을 양념한다.
3. 센 불에서 번철로 (2)를 재빨리 볶는데, 즙이 나오면 물 1/2컵을 붓고 센 화력을 유지하면서 볶는다. 거의 다 익었을 때 천초가루를 뿌린다.

음식 이야기

『주찬』 「육자」의 조리 방법을 보자.[50)]

'고기를 부추 잎처럼 얇게 썰어 소금물에 씻는다. 여기에 후춧가루, 초피가루, 마늘, 파, 표고버섯, 송이버섯, 간장, 참기름을 넣어 재워둔다. 이것은 번철에 담아 기름을 두르고 재빨리 지진다. 저절로 즙이 나오면 장국을 붓고 세차게 끓인다. 거의 다 익었을 때 초피가루와 후춧가루를 뿌리고 익으면 먹는다'

여기서 초피가루는 바로 천초(川椒)가루이다.

원전의 재료에서 보이는 소금은 소금물로 하여 돼지고기를 씻는 데 사용되었다고 생각된다.

34. 상화병Ⅱ 床花餠

❋ 재료 및 분량

| 원전 |

1643년 上末 1升 2合 / 起酒 1升 / 鹽 3夕 / 熟小豆 6合 / 淸蜜 1合

환산분량 밀가루 720cc / 기주 600cc / 소금 18cc / 익힌 팥 360cc / 꿀 60cc

| 현대화한 분량(5인분) |

* 중력분 165g(1 1/2컵) / 생막걸리 250g(1 1/4컵)
* 익힌 팥 3/4컵 / 꿀 30g(2큰술) / 소금 2g(1/2작은술)

※ 소금이 가진 염도는 조선시대가 지금보다 낮았으므로 양을 '원전'보다 줄였다.

❋ 만드는 법 [51)]

1. 중력분 1 1/2컵을 고운체로 내려서 생막걸리 1 1/4컵과 합하여 질게 반죽한 다음 30℃ 정도의 온도에서 뚜껑을 단단히 덮고 5시간 정도 놓아둔다. 부풀어 올라 벌집처럼 되면 발효된 것이다. 이것을 숟가락으로 저어주어 공기를 뺀다.

팥소 만들기

2. 팥은 깨끗이 씻어서 물을 넉넉히 붓고 삶는다. 끓어오르면 삶은 물만을 쏟아 버리고 다시 팥의 3배 정도의 물을 부어 속까지 무르도록 푹 삶는다. 더울 때 절구에 쏟아 대강 찧어서 어레미에 내려 팥고물을 만들어 3/4컵을 취해 놓는다.
3. (2)의 팥고물을 번철에 담아 부슬부슬해질 때까지 볶는다. 여기에 꿀 2큰술과 소금 1/2작은술을 넣고 반죽하여 팥소를 만든다.

상화병 Ⅱ 만들기

4. 베보자기를 깐 찜통에 참기름을 바른 작은 종지를 죽 올려놓고, 종지에 (1)의 상화병 반죽을 숟가락으로 떠서 담는다. 가운데에 (3)의 소를 올려놓은 다음 소가 덮히도록 다시 (1)의 반죽을 숟가락으로 떠서 올려놓는다. 베보자기로 덮고 뚜껑을 씌운다.
5. (4)에 불을 들여 쪄내는데, 김이 오르기 시작하면 20분 정도 찌고 10분 정도 뜸들인다.
6. 완성된 (5)의 상화병이 식으면 접시에 담아낸다.

음식 이야기

『음식지미방』「상화병」 에는 상화소 만드는 법을 다음과 같이 제시하였다.[52]

'소는 오이나 박을 채 썰고 무는 삶고, 석이버섯·표고버섯·참버섯은 가늘게 찢어 단간장과 참기름을 넣고 볶아, 잣과 후춧가루로 양념하여 기상화(起霜花, 상화를 부풀게 찜)한다.

또 붉은 팥을 죽 쑤는 것 같이 삶아 뭉개어 솥뚜껑 위에 올려 놓고 마르도록 볶는다. 이것을 체로 쳐서 꿀을 넣고 반죽한다'

원전의 상화소 만드는 방법은 『음식지미방』의 팥소 만드는 방법을 채택하였다.

二. 영접도감잡물색의궤 (1643)

36. 약과 藥果

❋ 재료 및 분량

| 원전 |

1643년 眞末 4升 8合 / 淸蜜 1升 4合 / 淸酒 2合 / 眞油 9合

환산분량 밀가루 2,880cc / 꿀 840cc / 청주 120cc / 참기름 540cc

| 현대화한 분량(5인분) |

* 중력분 260g(1컵 3 1/3큰술) / 꿀 30g(2큰술) / 청주 14g(2작은술) / 참기름 37g(3 2/3큰술) / 물 30g(2큰술)
* 꿀 55g(3 2/3큰술) /물 10g(2작은술)
* 식용유(튀김용)

❋ 만드는 법[55)]

반죽하기

1. 물 2큰술과 꿀 2큰술을 합하여 끓여서 차게 식힌다.
2. 중력분 1컵 3 1/3큰술에 청주 2작은술과 참기름 3 2/3큰술을 합하여 손바닥으로 잘 비빈 다음 굵은 체로 내린다. 여기에 (1)의 꿀물을 넣고 잘 섞어 손으로 뭉치듯이 반죽한다.
3. (2)의 반죽을 밀방망이로 두께 0.5cm, 가로 · 세로 3cm가 되게 네모 반듯하게 썬다.

약과 만들기

4. 튀김용 식용유를 불에 올려놓고 낮은 온도 조건에서 (3)의 과자를 서서히 연한 갈색이 나도록 튀겨내어 기름을 뺀다.
5. 꿀 3 2/3큰술과 물 2작은술을 합하여 약한 불에 올려놓아 끓인다. 완전히 섞이면 불에서 내린다.
6. (4)의 과자가 식기 전에 (5)의 꿀물에 담갔다가 건져 꿀물이 완전히 빠지도록 한다.

음식 이야기

100%의 꿀을 넣고서 만들었다 하여 「약과」라고 하였다. 밀가루에 청주를 넣고 반죽하는 형태는 『주방문』에서도 등장한다.[56)] 여기에서는 밀가루 1말에 꿀 1되, 청주 5홉을 넣고 있으니까 밀가루 : 꿀 : 청주의 비율은 20 : 2 : 1이 되는 셈이다. 원전의 경우 24 : 2 : 1 정도가 되므로 청주의 양은 『주방문』에서 보다 약간 덜 들어갔다고 볼 수 있다. 약과를 만들 때 청주를 넣는 것은 적어도 1600년대 말경에는 보급되어 있었다.

방미자(方味子)란 네모나면서도 작게 만든 과자를 지칭하는데, 약과를 이 방미자와 함께 한 그릇에 담아 올렸다고 원전에 기록되어 있으므로,[57)] 약과의 모양도 작고 네모지게 만들었음을 밝힌다.

37. 지방과 地方果

❋ 재료 및 분량

| 원전 | (2立)

1643년 眞末 2合 / 太末 6合 /
眞油 3夕 2里 / 黑湯 2夕

환산분량 밀가루 120cc / 콩가루 360cc /
참기름 18cc / 흑당[黑糖] 12cc

| 현대화한 분량(5인분) |

* 중력분 110g(1컵) / 참기름 23g(2 1/3큰술)
* 조청(백당) 60g(3큰술) / 흑당33g(1 2/3큰술)
* 대두콩 6컵 / 콩가루 330g(3컵)
* 물 150g(10큰술)

❋ 만드는 법[58)]

콩가루 만들기

1. 대두콩을 씻어 볶는다. 이것을 절구에 담아 살짝 살짝 찧어서 키로 까불러 콩껍질을 없앤 다음 블렌더에 담아 곱게 간다. 고운체로 내려서 콩가루를 만들어 3컵을 취해 놓는다.

밀가루 볶기

2. 중력분 1컵에 참기름 2 1/3큰술을 합하여 손바닥으로 잘 비빈 다음 굵은 체로 내린다. 이것을 팬에 담아 주걱으로 저어주면서 볶아 익힌다.

흑당물 만들기

3. 냄비를 불에 올려놓고 조청 3큰술을 담아 끓이는데, 갈색이 되면 불에서 내려 식혀 흑당(黑糖, 黑湯)을 만들어 1 2/3큰술을 취해 놓는다(조청 만드는 법은 중박계 참조).
4. (3)의 흑당에 물 10큰술을 합하여 약한 불에 올려 놓아 끓인다. 완전히 섞이면 불에서 내려 식힌다.

지방과 만들기

5. (1)의 콩가루에 (2)의 볶은 밀가루, (4)의 흑당물을 합하여 뭉지듯이 반숙한다.
6. (5)의 반죽을 틀에서 박아낸다.

음식 이야기

『주방문』에서는 볶은 콩가루를 넣고 조과를 만들 경우 다음과 같이 설명하고 있다.[59)]

'볶은 콩가루로 만드는 조과는 꿀만으로 반죽하여 모양을 만들어 지지지 말고 그냥 집청하면 된다.'

38. 봉접과 蓬蝶果

재료 및 분량

| 원전 | (1立)

1643년　眞末 5夕 2里 / 太末 2夕 6里 / 黑湯 1夕 / 眞油 1夕 5里

환산분량　밀가루 30cc / 콩가루 12cc / 흑당[黑湯] 6cc / 참기름6cc

| 현대화한 분량(5인분) |

* 중력분 132g(1컵) / 콩가루 52g(6 1/3큰술) / 참기름 33g(3 1/3큰술) / 물 45g(3큰술)
* 조청(백당) 100g(5큰술) / 흑당 95g(3 1/3큰술) / 물 10g(2작은술)
* 식용유(튀김용)

만드는 법

반죽하기

1. 중력분 1컵, 콩가루 6 1/3큰술, 참기름 3 1/3큰술을 합하여 손바닥으로 잘 비빈 다음 굵은 체로 내린다. 여기에 분량의 물을 넣고 잘 섞어 손으로 뭉치듯이 반죽한다.
2. (1)의 반죽을 손으로 굴려가면서 지름이 1cm 정도 되는 원통형으로 길게 만들어 8개로 잘라 놓는다.

흑당 만들기

3. 냄비를 불에 올려놓고 조청 5큰술을 담아 끓이는데, 갈색이 되면 불에서 내려 식혀 흑당(黑糖, 黑湯)을 만들어 3 1/3큰술을 취해 놓는다. 이 흑당에 물 2작은술을 합하여 약한 불에 올려놓아 끓인다. 완전히 섞이면 불에서 내린다(조청 만드는 법은 중박계 참조).

봉접과 만들기

4. 튀김용 식용유를 불에 올려놓고 낮은 온도에서 (2)의 과자를 서서히 연한 갈색이 나도록 튀겨내어 기름을 뺀다.
5. (4)가 식기 전에 (3)의 흑당물에 담갔다 건져 꿀물이 완전히 빠지도록 한다.

음식 이야기

봉접과(蜂蝶果)의 蜂은 '벌 봉', 蝶은 '나비 접'이다. 그러니까 봉접과는 벌과 나비들이 먹는 맛있는 과자란 뜻일 것이다. 원전에는 봉접과 1개[立]당 밀가루 30cc, 콩가루 12cc, 흑당 6cc, 참기름 6cc의 재료가 들어간다고 되어 있으므로, 밀가루 240cc, 콩가루 96cc, 흑당 48cc, 참기름 48cc가 재료가 된다면 봉접과 8개가 만들어지게 된다.

39. 상약과 常藥果

❋ 재료 및 분량

| 원전 | (1立)

1643년 眞末 1合 / 造淸 2夕 / 淸酒 2里 / 眞油 1夕

환산분량 밀가루 60cc / 조청[白糖] 12cc / 청주 약간 / 참기름 6cc

| 현대화한 분량(4인분) |

* 중력분 110g(1컵) / 조청(백당) 95g($3\frac{1}{3}$큰술) / 참기름 16g($1\frac{2}{3}$큰술) / 청주 14g(2작은술) / 물 15g(1큰술)

* 식용유(튀김용)

❋ 만드는 법[60)]

1. 물 1큰술과 조청 $3\frac{1}{3}$큰술을 합하여 끓여서 차게 식힌다(조청 만드는 법은 중박계 참조).
2. 중력분 1컵, 참기름 $1\frac{2}{3}$큰술, 청주 2작은술을 합하여 손바닥으로 잘 비빈 다음 굵은 체로 내린다. 여기에 (1)의 조청물을 넣고 잘 섞어 손으로 뭉치듯이 반죽한다.
3. (2)의 반죽을 밀방망이로 두께 0.5cm, 가로와 세로가 8cm가 되게 네모 반듯하게 썬다.
4. 튀김용 식용유를 불에 올려놓고 낮은 온도에서 (3)의 과자를 서서히 연한 갈색이 나도록 튀겨내어 기름을 뺀다.

음식 이야기

밀가루 : 조청 : 참기름의 비율을 10 : 2 : 1로 하여 상약과 재료를 삼고 있다. 1개[立]에 밀가루 60cc, 조청 12cc, 참기름 6cc의 재료가 들어가므로 밀가루 240cc, 조청 48cc, 참기름 24cc가 재료가 된다면 상약과 4개가 만들어진다. 이럴 경우 상약과의 크기는 사방 8cm의 대상약과(大常藥果)가 된다.

상약과(常藥果)란 명칭이 생긴 것은 꿀 대신에 조청을 넣었기 때문으로 질이 낮은 일반적인 약과란 뜻을 함축하고 있다.

40. 편증 片蒸

※ 재료 및 분량

| 원전 |

1643년　多士亇 3條 / 古物次實栢子 3夕

환산분량　다시마 3조 / 잣 18cc

| 현대화한 분량(5인분) |

* 다시마 60cm / 물 2컵
* 잣가루 1/2컵

※ 만드는 법

1. 두껍고 질 좋은 다시마를 선택하여 물에 불려 가로 3cm, 세로 4cm가 되게 썬다. 이것을 냄비에 담아 물 2컵을 넣고 끓여 졸인다.
2. (1)이 완성되면 완전히 식혀 잣가루를 묻혀 접시에 담아낸다.

41. 미수 味數

※ 재료 및 분량

| 원전 |

1643년 藁古 5合 / 艮醬 2升 / 生薑 1兩 / 胡椒 2錢 / 眞油 1升 / 醋 5合 / 鹽 5合

환산분량 표고버섯 300cc / 간장 1,200cc / 마늘 40g / 후추 8g / 참기름 600cc / 초 300cc / 소금 300cc

| 현대화한 분량(5인분) |

* 건표고버섯 1/4컵

* 양념 : 진간장(1컵) → 90g(5 1/3큰술) / 물 160g(2/3컵) / 마늘 8g / 후추 2g / 참기름 72g(1/2컵) / 식초 32g(1 1/2큰술)

* 소금 44g(4큰술) / 물 2 1/2컵

※ 초와 간장이 가진 산도와 염도는 조선시대가 지금보다 훨씬 낮았으므로 양을 〈원전〉보다 줄였다. 간장을 줄인 만큼 물을 더하였다.

※ 만드는 법

1. 소금 4큰술과 물 2 1/2컵을 합하여 소금물을 만든 후 건표고버섯을 소금물에 불려 기둥을 떼어 놓는다.
2. 냄비에 (1)을 담고 양념을 합하여 끓인다. 한소끔 끓으면 완성된 것이다.
3. 그릇에 (2)를 담아낸다.

미수(味數)란 술안주를 뜻한다.[61] 대개 술안주는 적(炙)이 올랐으므로 미수를 미수적(味數炙)이라고도 하였다.[62] 원전의 「미수」는 소선(素膳)으로 적 대신에 특별히 준비된 술안주이다.

42. 좌간남 左肝南

❋ 재료 및 분량

| 원전 |

1643년 石茸 3升 / 實栢子 1合 / 片豆泡 1片(雜豆踣次) / 生葱 10本

환산분량 석이버섯 1,800cc / 잣 60cc / 두부 1편 / 파 10뿌리

| 현대화한 분량(5인분) |

* 석이버섯 22g(1 1/2컵) / 두부 960g(2모)
* 잣 8g(1큰술) / 파 2뿌리

❋ 만드는 법

1. 두부를 베보자기로 싸서 무거운 것으로 눌러 물기를 뺀다. 이것을 으깨어 굵은 체로 내린다.
2. 석이버섯을 물에 불려 돌을 제거하고 곱게 채 썬다.
3. (2)의 석이버섯채 절반을 취하여 곱게 다진 다음 (1)의 두부와 합해 놓는다.
4. 잣은 절반으로 갈라놓는다.
5. 파는 3cm 길이로 곱게 채 썬다.
6. 찜통에 베보자기를 깔고 안쪽 사방에 참기름을 바른 몇 개의 틀을 올려놓은 다음 (3)의 두부를 틀 속에 1cm 두께로 고루 펴서 넣고 그 위에 (2)의 석이버섯채, (4)의 잣비늘, (5)의 파채를 가득 뿌린다. 젖은 베보자기로 덮는다.
7. (6)에 뚜껑을 씌워 10분 정도 찐다. 한 김 나간 후 틀에서 꺼내 접시에 담는다. 초장을 곁들여 낸다.

음식 이야기

술안주로 가장 중요한 음식이 적(炙)이라면 밥반찬으로서 가장 핵심적인 음식은 간남(肝南)이다. 간남이란 찜·회·전·탕 등으로 구성된 손님[賓]의 남쪽에 차려진 가장 맛있는 음식을 지칭한 것이다. 간남에는 좌간남(左肝南)과 우간남(右肝南)이 있어서 좌간남은 육류, 우간남은 어류를 재료로 하였다. 대개의 경우 좌간남이 1기이면 우간남도 1기를 차리는 것이 정례로 각각은 홀수로 차려졌다. 나라를 다스릴 때 좌의정과 우의정이 있듯이 밥먹을 때에도 좌간남과 우간남을 차려야 함을 뜻한다.[63] 〈원전〉의 「좌간남」은 소선(素膳)으로 특별히 준비된 밥반찬이다.[64]

43. 숙편 熟片

재료 및 분량

| 원전 |

1643년 片豆泡 1 1/2片 / 藁古 2合

환산분량 두부 1 1/2편 / 표고버섯 120cc

| 현대화한 분량(5인분) |

* 두부 960g(2모)
* 건표고버섯 1/2컵

만드는 법

1. 두부를 베보자기로 싸서 무거운 것으로 눌러 물기를 뺀다. 이것을 으깨어 굵은 체로 내린다.
2. 표고버섯을 물에 불려 물기를 꼭 짜서 곱게 채 썬다.
3. (2)의 표고버섯채 절반을 취하여 곱게 다진 다음 (1)의 두부와 합해 놓는다.
4. 찜통에 베보자기를 깔고 안쪽 사방에 참기름을 바른 몇 개의 틀을 올려놓은 다음 (3)의 두부를 틀 속에 1cm 두께로 고르게 펴서 넣고 그 위에 (2)의 표고버섯채를 가득 뿌린다. 젖은 베보자기로 덮는다.
5. (4)에 뚜껑을 씌워 10분 정도 찐다. 한 김 나간 후 틀에서 꺼내 접시에 담는다. 초장을 곁들여 낸다.

44. 상화병 Ⅲ 床花餠

재료 및 분량

| 원전 |

1643년 眞末 5升 / 眞油 2合 / 起酒米 1升 /
菁根 20本 / 實栢子 5夕/ 生薑 5錢 /
石茸 2合 / 胡椒 1錢 / 鹽 1合 /
艮醬 2合 / 軟豆泡 3塊 / 基火 3升

환산분량 밀가루 3,000cc / 참기름 120cc / 기주미 600cc /
무 20개 / 잣 30cc / 마늘 20g / 석이버섯 120cc /
후추 4g / 소금 60cc / 간장 120cc /
연두부 3덩어리 / 기화 1,800cc

| 현대화한 분량(5인분) |

* 중력분 330g(2 1/2컵) / 소금 2g(1/2작은술) / 생막걸리 100g(1/2컵)
* 무 100g(4개) / 석이버섯 1g(1 2/3큰술) / 두부 1/2모
* 참기름 16g(1 2/3큰술) / 간장 28g(1 2/3큰술) / 다진 마늘 4g
* 후춧가루 1g / 잣 3g(1작은술)

※ 소금이 가진 염도는 조선시대가 지금보다 낮았으므로 양을 〈원전〉보다 줄였다.

❋ 만드는 법[65)]

반죽 만들기

1. 중력분 2½컵을 고운체로 내려서 생막걸리와 합하여 반죽한 다음 30℃ 정도의 온도에서 뚜껑을 단단히 덮고 5시간 정도 놓아둔다. 부풀어 올라 벌집처럼 되면 발효된 것이다. 이것을 숟가락으로 저어주어 공기를 뺀다.

소 만들기

2. 무는 곱게 채로 썰어 번철에 담아 익혀 물기를 짠다. 석이버섯은 물에 불려 돌을 제거하여 채로 썰어 물기를 짠다. 두부는 베보자기에 담아 무거운 것을 올려놓고 물기를 빼서 으깬다. 이상의 무, 석이버섯, 두부를 합한 후 양념하여 번철에서 볶는다.
3. 잣 1작은술은 가루로 만들어 놓는다. 이것에 (2)와 후춧가루 1g을 합하여 소로 만든다.

상화병 Ⅲ 만들기

4. 베보자기를 깐 찜통에 (1)의 반죽을 지름 4cm 정도 크기로 떼어 송편 빚듯이 홈을 파서 (3)의 소를 넣고 아무려 올려놓는다. 베보자기로 덮고 뚜껑을 씌운다.
5. (4)에 불을 들여 쪄내는데, 김이 오르기 시작하면 20분 정도 찌고 10분 정도 뜸들인다.

음식 이야기

『음식지미방』「상화병」에는[66]

> '오이나 박은 채 썰고 무는 삶고, 석이버섯·표고버섯·참버섯은 가늘게 찢어 단간장과 참기름을 넣고 볶아, 잣과 후춧가루로 양념하여 기상화(起霜花)한다'

고 하였다.

그러니까 채 썬 각종 채소에 간장과 참기름을 넣고 볶은 다음 잣가루와 후춧가루를 다시 넣어 양념하여 소로 하고 있는 것이다. 잣가루는 양념용이었다.

45. 산삼병 Ⅱ 山蔘餠

❋ 재료 및 분량

| 원전 |

1643년 實山蔘 2斤 / 粘米末 2升 / 淸蜜 2合 3夕 3里 / 眞油 1升 / 實栢子 1合

환산분량 실산삼 1,280g / 찹쌀가루 1,200cc / 꿀 138cc / 참기름 600cc / 잣 60cc

| 현대화한 분량(5인분) |

* 인삼 130g / 찹쌀가루 116g(1컵) / 꿀 15g(1큰술)
* 참기름 40g(4큰술)
* 잣 3g(1작은술)

❋ 만드는 법

1. 인삼을 깨끗이 손질하여 곱게 다져 찹쌀가루와 합한 후 꿀을 넣고 반죽한다.
2. (1)의 반죽을 밤톨 크기로 떼어 참기름을 두르고 지지듯이 튀겨낸다.
3. 잣을 가루로 만든다.
4. (2)의 떡에 (3)의 잣가루를 묻혀 그릇에 담아낸다.

46. 녹두병 菉豆餠

※ 재료 및 분량

| 원전 |

1643년 菉豆 1升 5合 / 眞油 7合

환산분량 녹두 900cc / 참기름 420cc

| 현대화한 분량(5인분) |

* 녹두 130g(3/4컵) / 물 100g(1/2컵)

* 참기름 51g(5 2/3큰술)

※ 만드는 법

1. 녹두를 타개어 물에 충분히 불린다. 이것을 손으로 잘 비빈 다음 몇 번이고 물에 헹구어 껍질을 깨끗하게 거피한 다음 건져서 물기를 뺀다.
2. (1)을 블렌더에 넣고 물 1/2컵을 넣어서 곱게 간다.
3. 번철을 충분히 달구어 참기름을 넉넉히 두르고 (2)를 작은 국자로 한 국자씩 떠 놓고 양면을 노릇노릇하게 지져낸다.

47. 인절미 仁粘米

❋ 재료 및 분량

| 원전 |

1643년 粘白米 2斗 / 赤豆 1斗 / 淸蜜 2升

환산분량 찹쌀 12,000cc / 팥 6,000cc / 꿀 1,200cc

| 현대화한 분량(5인분) |

* 찹쌀 400g(2컵)
* 팥 165g(1컵) / 물 3컵
* 꿀 50g(3 1/3큰술)

❋ 만드는 법

1. 찹쌀을 3시간 이상 물에 충분히 불려 소쿠리에 건져 물기를 뺀다. 찜통에 베보자기를 깔고 물기 뺀 찹쌀을 넣고는 도중에 물을 고루 뿌려 위아래를 섞어 가면서 1시간 정도 무르도록 쪄낸다.

팥고물 만들기

2. 팥에 물을 넉넉히 붓고 끓어오르면 물만을 쏟아 버린다. 여기에 팥 분량의 3배 정도의 물을 붓고 완전히 무르게 삶는다. 더울 때 절구에 담아 찧어서 어레미에 내린다. 이것을 번철에 담아 꿀 3 1/3큰술을 합하여 타지 않도록 약한 불에서 주걱으로 뒤집어 주면서 보슬보슬하게 될 때까지 볶아 식힌 후 다시 어레미에 내려 팥고물을 만든다.

인절미 만들기

3. (1)의 찹쌀밥을 안반에 쏟아 떡메로 쌀알이 없어질 때까지 친다.
4. 넓은 쟁반에 (2)의 팥고물을 고루 뿌려 놓고 (3)의 친 떡을 길게 막대 모양으로 만들어 얹은 다음 위에도 (2)의 팥고물을 고루 뿌린다. 손으로 두께 1cm, 넓이 3cm가 되게 펴서 길이 4cm 정도 되게 잘라 다시 팥고물을 묻힌다.

음식 이야기

원래 인절미는 콩가루를 고물로 입히는 떡을 말한다. 분(粉)은 '콩가루', 자(餈)는 '쌀을 쪄서 안반 위에 올려 놓고 떡메로 문드러지게 치는 것'을 뜻하는 까닭에[67] 그래서 인절미[仁粘米]를 분자(粉餈)라 하였다.

48. 경단 敬丹

❋재료 및 분량

| 원전 |

1643년 粘白米 2斗 / 太末 5升 / 清蜜 2升 5合 / 實栢子 3合

환산분량 찹쌀 12,000cc / 콩가루 3,000cc / 꿀 1,500cc / 잣 180cc

| 현대화한 분량(5인분) |

* 찹쌀 400g(1컵) / 물 82g(5 1/2큰술)
* 콩 150g(1컵) / 콩가루 55g(1/2컵) / 꿀 60g(4큰술)
* 잣 6g(2작은술)

❋만드는 법

1. 찹쌀을 3시간 이상 물에 충분히 불려 가루로 빻아 고운체에 내린다. 여기에 끓는 물을 넣어 고루 치대어 반죽한다.
2. (1)의 반죽을 지름 2cm 정도 되는 크기로 떼어 잣 1알씩을 넣고 동그랗게 빚는다.
3. 콩을 깨끗이 씻어 볶는다. 이것을 절구에 담아 살짝살짝 찧어서 키로 까불러 콩껍질을 없앤 다음 블렌더에 담아 곱게 간다. 고운체로 내려서 콩가루 1/2컵을 준비하여 접시에 펼쳐 담는다.
4. 냄비에 물을 넉넉히 담아 끓인다. 물이 끓어오르면 (2)의 경단을 넣고 삶는다. 말갛게 익어 떠오르면 건져서 냉수에 담갔다가 재빨리 건져 물기를 뺀다.
5. (4)를 꿀 4큰술에 담갔다 건져 꿀이 완전히 빠지도록 한다. 이것을 (3)의 콩가루 담은 접시에 담고 접시 채 흔들어 콩가루를 고루 묻힌다.

49. 백두증병 白豆甑餠

❋ 재료 및 분량

| 원전 |

1643년 粘白米 2斗 / 小豆 1斗 3升 /
乾柿 1貼 3串 / 大棗 3升 /
淸蜜 2升

환산분량 찹쌀 12,000cc /
팥(거피팥) 7,800cc / 건시 130개 /
대추 1,800cc / 꿀 1,200cc

| 현대화한 분량(5인분) |

* 찹쌀 600g(3컵) / 건시 7 $\frac{1}{2}$개 /
대추 110cc(7 $\frac{1}{3}$큰술) / 꿀 75g(5큰술)

* 거피 팥 330g(2컵)

❋ 만드는 법

1. 찹쌀을 3시간 이상 물에 충분히 불려 가루로 빻아 고운체에 내린다.
2. 씨를 없앤 대추는 6등분 하고 씨를 없앤 건시는 8등분 한다.
3. (1)의 찹쌀가루에 꿀을 합하여 손으로 비벼 잘 섞은 다음 (2)의 대추와 건시를 합하여 고루 섞는다.
4. 거피팥은 9시간 이상 충분히 물에 불려서 손으로 거피(去皮)하여 여러 번 물로 헹구어 낸다. 베보자기를 깐 찜통에 거피한 팥을 담아 무르게 찐다. 더울 때에 절구에 쏟아 대강 찧어서 체에 내려 그릇에 펼쳐 담아 식혀 놓는다.
5. 찜통에 베보자기를 깔고 틀을 올려놓는다. 이 틀 맨 밑에 (4)의 거피팥고물을 한 켜 고루 뿌리고 (3)의 떡가루를 4cm 정도의 두께로 안친다. 다시 이 위에 거피팥고물을 고루 뿌려 얹는다. 베보자기를 씌우고 뚜껑을 덮어 불을 들인다.
6. 김이 오르기 시작한 후 20분 정도 찌고 10분 정도 뜸들인다. 한 김 나간 후 틀에서 꺼내 적당한 크기로 잘라 접시에 담는다.

50. 적두증병 赤豆甑餠

재료 및 분량

| 원전 |

1643년 粘白米 2斗 / 小豆 1斗 3升 / 乾柿 1貼 3串 / 大棗 3升 / 淸蜜 2升

환산분량 찹쌀 12,000cc / 팥(붉은팥) 7,800cc / 건시 130개 / 대추 1,800cc / 꿀 1,200cc

| 현대화한 분량(5인분) |

* 찹쌀 600g(3컵) / 건시 7 1/2개 / 대추 110cc(7 1/3큰술) / 꿀 75g(5큰술)

* 팥 330g(2컵) / 물 6컵

만드는 법

떡 반죽하기

1. 찹쌀을 3시간 이상 물에 충분히 불려 가루로 빻아 고운체에 내린다.
2. 씨를 없앤 대추는 6등분 하고 씨를 없앤 건시는 8등분 한다.
3. (1)의 찹쌀가루에 꿀 5큰술을 합하여 손으로 비벼 잘 섞은 다음 (2)의 대추와 건시를 합하여 고루 섞는다.

팥고물 만들기

4. 붉은팥은 깨끗이 씻어서 물을 넉넉히 붓고 삶는다. 끓어오르면 삶은 물만을 쏟아 버리고 다시 팥의 3배 정도의 물을 부어 속까지 무르도록 푹 삶는다. 더울 때에 절구에 쏟아 대강 찧어서 어레미에 내려 팥고물을 만든다.

적두증병 만들기

5. 찜통에 베보자기를 깔고 틀을 올려놓는다. 이 틀 맨 밑에 (4)의 팥고물을 한 켜 고루 뿌리고 (3)의 떡가루를 4cm 정도의 두께로 안친다. 다시 이 위에 팥고물을 고루 뿌려 얹는다. 베보자기를 씌우고 뚜껑을 덮어 불을 들인다.
6. 김이 오르기 시작하면 20분 정도 찌고 10분 정도 뜸 들인다. 한김 나간 후 틀에서 꺼내 적당한 크기로 잘라 접시에 담는다.

제3편

『영접도감의궤』(1643) 번역

1. 迎接都監宴享色儀軌(1643)

崇德八年癸未四月 日 宴享色儀軌

勅使 上使 布

副使 楊

大通官 一員

一等頭目 四人内 通事一人

三等頭目五名内 家丁二名

인조 21년(1643) 계미년 4월 일 연향색[1]의궤

척사 상사 포

부사 양

대통관 1원[2]

일등두목 4인 안에 통사[3] 1인 포함

3등두목 5명 안에 가정[4] 2명 포함

三月二十五日入京便殿接見頭目床則勿論各等別賜酒床及内贍寺禮賓寺宴床合爲一床豊備接待

二十六日 勅使慕華舘往還後別茶啖排入

二十七日 別茶啖排入

二十八日 下馬宴

二十九日 漢江遊觀

三十日 翌日宴回禮宴兼行

四月初一日 別茶啖 排入

初二日 別茶啖 排入

初三日 別茶啖 排入

初四日 上馬宴別宴兼行
初五日 別茶啖 排入
初六日 郊外餞宴

3월 25일, 경성에 들어와 편전[5]에서 왕을 접견하였는데, 두목[6]을 위하여 차린 음식상은 물론이고 각 등마다 특별히 마련한 술상을 내렸다. 내섬시와 예빈시에서 합하여 연상(宴床, 연회상)을 풍성하게 갖추어 한 상을 만들어 접대하였다.

3월 26일, 칙사가 모화관[7]에 돌아간 후에 별다담(別茶啖)[8]을 들이다.

3월 27일, 별다담을 들이다.

3월 28일, 하마연(下馬宴)[9]을 하다.

3월 29일, 한강을 놀면서 돌아다니며 구경하다.

3월 30일, 익일연(翌日宴)[10]과 회례연(回禮宴)[11]을 겸행하다.

4월 1일, 별다담을 들이다.

4월 2일, 별다담을 들이다.

4월 3일, 별다담을 들이다.

4월 4일, 상마연(上馬宴)[12]과 별연(別宴)[13]을 겸행하다.

4월 5일, 별다담을 들이다.

4월 6일, 교외에서 전연(餞宴)[14]을 하다.

郎廳一員禮曹佐郎李丕顯改差代禮曹正郎尹世任
所屬四司監造官 內資寺 奉事 柳應昌 內贍寺 主簿 李慶忠 禮賓寺 參奉 金有聲 典牲署 奉事 李逸彦
書吏 尹孝吉 鄭命賢 洪福生 金繼賢 姜悌吉 吳信

낭청[15] 1원으로 예조좌랑 이비현을 바꾸고 대신 예조정랑 윤세임으로 하다.

소속 4사의 감조관으로 내자시는 봉사 유응창, 내섬시는 주부 이경충, 예빈시는 참봉 김유성, 전생서는 봉사 이일언으로 하다.

서리[16]는 윤효길 · 정명현 · 홍복생 · 김계현 · 강제길 · 오신으로 하다.

庫直金擇善使令全承男等五名假使令 二名
內資寺 書員 金順宗 庫直秦天守假使令一名 募軍中擇定
內贍寺 書員 金起翼 庫直安儉忠假使令 一名 募軍中擇定
禮賓寺 書員 安弘男 朴禮立 庫直陳孝貞假使令 一名 募軍中擇定

고직[17]은 김택선으로 하고, 사령[18]은 전승남 등 5명으로 하며, 가사령[19]은 2명으로 하다.

내자시 서원[20]은 김순종으로 하고, 고직은 진천수로 하며, 가사령은 1명으로 하는데, 모꾼[21] 가운데서 선정하다.

내섬시 서원은 김기익으로 하고, 고직은 안검충으로 하며, 가사령은 1명으로 하는데, 모꾼 가운데서 선정하다.

예빈시 서원은 안홍남과 박예립으로 하고, 고직은 진효정으로 하며, 가사령은 1명으로 하는데, 모꾼 가운데에서 선정하다.

司畜署 書員安輸 庫直文應福假使令 一名 募軍中擇定
別賜酒廳 舊則司饔院主掌今則不爲親臨矣司饔院不來故本色郎廳直爲句管
已上本色四司及別賜酒廳守直軍士各二名兵曹定送

各宴大臣宰臣自政院抄啓
下馬宴 左議政沈悅 形曹判書元斗杓 形曹參判李時昉
翌日宴 右議政沈器遠 工曹判書尹暉 吏曹參判徐景雨
請宴 左議政沈悅 户曹參判沈諮 蓬莱君炯胤
遊觀 吏曹判書李景曾 行大司成金蓍國 錦林君愷胤
上馬宴 右議政沈器遠 左參贊金自點 行護軍金南重
郊外餞宴 左議政沈悅 工曹判書尹暉 吏曹判書李景曾

사축서 서원은 안흡으로 하고, 고직은 문응복으로 하며, 가사령은 1명으로 하는데, 모꾼 가운데에서 선정하다.

별사주청[22]은 옛날에는 사옹원이 주로 담당했으나 지금은 친림하지 않는다. 사옹원에서 오지 않으므로 본색(연향색) 낭청이 직접 맡아 다스린다.

이상의 본색 4사와 별사주청을 맡아서 지키는 군사 각각 2명은 병조에서 정하여 보낸다.

각 연에 참석할 대신과 재신을 승정원에서 뽑아 임금께 상주(上奏)한 내용은 다음과 같다.

하마연, 좌의정 심열 · 형조판서 원두표 · 형조참판 이시방

익일연, 우의정 심기원 · 공조판서 윤휘 · 이조참판 서경우

청연, 좌의정 심열 · 호조참판 심액 · 봉래 윤형윤[23]

한강유관, 이조판서 이경증 · 행대사성 김기국 · 금림군 개윤

상마연, 우의정 심기원 · 좌참찬 김자점 · 행호군 김남중

교외전연, 좌의정 심열 · 공조판서 윤휘 · 이조판서 이경증

三月初六日都監啓曰

房妓之弊罔有紀極都下之人聞 勅行先聲已有奔避之色殊極可慮令禮曹預爲料理俾無如前生事之患一邊有顔面譯官一人給馬下送于中路諭其極難形勢兩西房妓且令率來何如傳曰依啓 譯官李耋給馬發送

3월 6일, 도감에서 임금께 아뢰기를,

"방기(房妓)[24]의 폐해가 기율(紀律)에 어그러짐이 아주 심합니다. 서울 사람들은 칙사의 행차가 있다는 소문만 들어도 이미 달아나 피신하는 기색입니다. 지극히 걱정스러우니 예조가 미리 처리하여 전과 같이 사단을 일으키는 우환이 없게 해야 합니다. 한쪽에서는 안면이 있는 역관 1인에게 말을 주어 중로[25]로 내려 보내 그 지극히 어려운 형세를 황해도와 평안도에 이야기하여 방기(房妓)를 거느리고 오게 함이 어떠하겠습니까."

임금이 아뢴 대로 하라고 전교하였다. 역관 이질에게 말을 주어 보냈다.

三月初七日遠接使兩西監司了
都監爲着實擧行事自前勅使接待莫難於房妓一事今此 勅使時兩西妓生擇其可合者爲先起送事自廟堂已爲停當自都監入啓蒙允爲有置將此事意奉審擧行爲乎矣臨時必有點退生梗之患事極可慮房妓可合者極擇新面目有姿色者起送而擇定勤幹差使員爲先間路罔夜押送俾無臨時窘急生事之患爲乎矣所着衣裳乙良置亦爲使之鮮明向事

3월 7일, 원접사[26]가 황해도와 평안도 감사에게,

"도감이 착실하게 거행한 칙사접대에서 전부터 방기에 관한 한 가지 일이야 말로 말할 것도 없이 극히 어려운 것이었습니다.

이번 칙사 때에 황해도와 평안도 기생을 선정하여 합당한 자를 우선 보내는 일은 조정에서 이미 회의를 끝냈습니다. 도감에서 당연히 들어가 임금께 아뢰어 허가를 받았습니다. 장차의 일은 왕명을 받들어 거행하는 일입니다. 때에 임해서 마음에 들지 않아 도로 돌려보내 불화가 생기는 우환이 있을까 지극히 염려됩니다. 참신한 얼굴에 자색을 갖춘 적합한 방기를 정밀하게 선정하여 보내는데, 부지런하고 성실한 차사원[27]을 선정하여 우선 지름길로 밤을 새워 데려온다면, 때에 임해서 몹시 군색한 일이 생길 염려가 없을 것입니다. 옷은 아름답고 밝은 것으로 입힐 것입니다."

三月初七日禮曹啓曰
勅使接待莫難於房妓一事前冬慱氏之行本曹郎廳至於受杖幾死其後判書臣南以雄議于廟堂欲爲預爲措置而 廟堂持難不決矣
今此勅使之行猝至此事最急他無容手之策猶有己卯前例自兩西別抄可合者間路先送幸得添數云故遠接使下去之日臣植方在 宗廟奉審之中不得親見使郎廳往見鄭太和密言其事則鄭太和欲得上司文移以令于兩西盖爲其事甚難自出號令恐未整齊也
此則不難之事而至今不得擧行今聞都監備局皆委諸本曹尚無處置之意本曹則只管儀注文書故自前號令不行吏卒至殘如此至難至重之事萬無應辦之理亦無如此之前例事敗之後雖被罪責必無及矣
着令都監勿爲推倭急急處置何如
傳曰依啓

3월 7일 예조가 임금께 아뢰기를,

"칙사접대에서 방기에 관한 한 가지 일은 지극히 어렵습니다. 지난 겨울 박씨(博氏, 명나라 사신) 일행이 왔을 때, 본조의 낭청이 몽둥이로 맞아 거의 죽을 뻔 하였습니다. 그 후 판서 신(臣) 남(南)이 조정에서 활발히 의논하여 미리 조치하고자 하였으나, 조정이 일을 과단성 있게 처리하지 못하고 미루어 결정을 못하였습니다.

이번 칙사 일행도 갑자기 오게 되어 이 일은 가장 급합니다. 수단을 도모할 계책이 없습니다. 기묘년(1639년) 전례에서는 다만 황해도와 평안도로부터 특별히 뽑아 적합한 자를 지름길을 이용하여 먼저 보내 다행히 여분의 숫자를 얻을 수 있었다고 합니다. 그래서 원접사(정태화)가 서울을 떠나 현지로 가는 날, 신(臣) 식(植)이 바야흐로 종묘에 있으면서 왕명을 받들어 묘(廟)를 보살피던 중 부득이 친견(親見, 몸소 봄)하였습니다. 낭청이 은밀히 정태화에게 가서 그 일(황해도와 평안도에서 기생을 선발하는 일)을 말했습니다. 정태화[28]가 얻고자 하는 것을 상부(上府, 上官)에 문서로 통지하여 상부가 황해도와 평안도에 명령함으로써 대략 그 일을 시행할 수 있을 것이라는 것이었습니다. 스스로 만들어 낸 매우 난처한 일입니다. 명령을 정돈하여 갖추지 못한 염려스러움이 있습니다.

이것은 막을 수 없는 일입니다. 지금에 이르러서도 부득이 거행해야 합니다. 이제 들으니 도감(영접도감)이 비국[29]에게 제반 사항을 모두 맡겼다고 합니다. 본조(예조)는 일을 처리할 뜻이 거의 없습니다. 본조는 다만 의주문서를 관리할 뿐입니다. 그러므로 이졸[30]에서부터 나머지에 이르기까지 앞서의 명령은 이행하지 않았습니다. 이처럼 지극히 어렵고 지극히 중요한 일이 수용에 응하여 판출하는 이치로는 결코 안 될 일입니다. 이와 같은 전례는 없는 일로, 허물어진 다음에는 죄지은 책임이 반드시 미치지 않는 법입니다.

도감이 자기의 일을 남에게 미루어 그 책임을 전가하지 말고 착실하게 시급히 감당하는 것이 어떠하겠습니까."

임금이 아뢴 대로 하라 전교하였다.

三月初八日都監啓曰
伏見禮曹 啓辭房妓一事至難至重萬無應辦之理亦無如此之前例令都監勿爲推諉急急處置云
凡都監之規號令各司使之進排撿飭設行而已本無自爲辦出之事妓生醫女乃禮部所屬不責於禮部則將責於何處自前禮曹郎廳專爲主掌
非今日之創開請令禮曹料理以待何如
傳曰依啓

3월 8일 도감에서 임금께 아뢰기를,

"예조에서 임금께 올린 상주 문서를 엎드려 보니, 방기에 관한 한 가지 일은 지극히 어렵고 지극히 중대한 일인데, 수용에 응하여 판출하는 이치로는 결코 안 되며 이와 같은 전례는 없는 일로서 도감(영접도감)은 자기의 일을 남에게 미루어 그 책임을 전가하지 말며 착실하게 시급히 감당해야 한다고 운운하였습니다.

대개 도감의 법도는 각사에 명령을 내려 일을 시키고, 갖추어 검사하여 진배 · 설행하는 것입니다. 이미 본 도감에서는 자체에서 판출하는 일은 없습니다. 기생과 의녀는 예부(禮部) 소속으로 예부가 책임이 없다면 장차 어느 부서에 책임이 있겠습니까. 전부터 예조 낭청이 전적으로 담당하였습니다.

오늘 조회 시작에서 청하지 말고 예조가 처리하도록 하는 것이 어떻겠습니까."

임금이 아뢴 대로 하라고 전교하였다.

三月初九日禮曹啓曰
伏見都監 啓辭又以房妓一事責出於本曹任其生事而不恤未知其意之所在也
都監之號令百司非以其所無之物責出也
禮曹之該掌妓生亦然矣但掌樂院選妓罷之已久前日本曹判書稟于廟堂議復前規而持難 不許此乃本曹預爲料理之事也
今者使行已迫此事已無及矣惠民署只有醫女可合二三人已爲待令郎廳逐日仕于都監方便之策非不告訴而皆不見施但令本曹責出妓生如責貨物於户曹此無異於枯木求律也

勅使之行非止一再未聞有如此之例本曹不得不歷陳曲折欲免生事於 國家非如上司相較也
今雖一向奉旨替責本曹更無料策令都監依上年例施行何如
傳曰言于都監

3월 9일 예조에서 아뢰기를,

"도감(영접도감)에서 임금께 올린 상주문서를 엎드려 보니, 방기에 관한 한 가지 일은 본조(예조)에서 책임지고 판출해야 할 임무라고 했습니다. 그것은 서로 사랑하게 할 수 없는 사단을 일으키는 일로 그 의도한 소재를 아직 모르겠습니다.

도감(영접도감)의 명령은 많은 관청을 꾸짖어 행하지 않는 맡은 바 소임을 책임지고 판출하는 일입니다.

예조가 담당한 기생 역시 그렇습니다. 다만, 장악원에서 선발한 기생은 그만두고 간 지 이미 오래되었습니다. 전날 본조의 판서가 조정에서 임금께 아뢰어, 앞서서 본 것을 다시 의논하였으나 일을 과단성 있게 처리하지 못하고 미루기만 하여 허락하지 않았습니다(3월 7일 예조가 임금께 아뢴 글에 내용이 들어 있음). 이에 본조에서 미리 처리한 것입니다.

지금 사행(使行)이 이미 임박하였습니다. 이 사행에 시간이 없습니다. 혜민서[31]에 적합한 의녀가 단지 이 · 삼인이 있어 이미 대령하고 있습니다. 낭청이 날마다 도감에서 임시방편의 모책을 살피고 있어 보고하지 않을 수 없습니다. 모두는 보지 않고 행하는 일입니다. 다만, 본조가 책임지고 기생을 판출하는 것은 호조에서 책임지고 재화를 운반하는 것과 같습니다. 이는 마른 나무는 다르지 않다는, 규율을 구하는 것입니다.

칙사의 일행은 하나 둘로 만족하지 않습니다.[32] 이와 같은 예가 있음은 듣지 못했습니다. 본조는 부득불 여러 가지 복잡한 사정을 역사에 알려야 합니다. 도감과 서로 다투는 것이 아니라 국가에 사단이 나는 것을 면하고자 하는 것입니다.

이제 비록 한결같은 마음으로 임금의 뜻을 받들었습니다만 책임을 다하지 못했습니다. 본조는 더욱 헤어릴 꾀도 없습니다. 도감으로 하여금 지난해의 예에 의거하여 시행하도록 하는 것이 어떠하겠습니까."

임금이 도감에서 말한 대로 하라고 전교하였다.

三月十一日都監啓曰
以禮曹草記言于都監事傳敎矣
六曹分掌醫妓屬於禮部房妓句管責於何地
今則事勢急遽禮曹亦以爲悶迫自都監別爲催督於兩西而禮曹郎廳若未整齊
則恐未免生事之患極爲可慮敢啓
傳曰知道

3월 11일 도감에서 임금께 아뢰기를,

"도감에서 말한 것을 예조의 초기[33]로서 전교하셨습니다.

육조에서 나누어 담당하는 업무 중 의녀와 기생은 예조에 속합니다.[34] 방기를 맡아 다스리는 책임은 어느 곳에 있습니까.

지금은 일의 형세가 급하여 서둘러야 합니다. 예조 역시 절박합니다. 도감에서 특별히 황해도와 평안도에 독촉하였습니다만, 만약 예조의 낭청이 갖추지 못하면 사단을 일으키는 우환을 면하지 못할 염려가 지극히 있을 것이라는 우려로 감히 아뢰니다."

임금이 알았다고 전교하였다.

三月十三日禮曹啓曰
選妓雖屬於禮曹不爲預備臨時決難應辦之意已爲啓達矣
今者都監送言于本曹曰房妓之事兩西所送不可專恃空手以待將生大事近京
有妓官抄出若干名可及來致而號令雖出於都監啓下當由於該曹云故稟于廟
堂則亦以爲可
水原原州春川公州忠州淸州六邑可合妓生各二名使之登時裝送事令都監出
令催促以爲塡捕之地何如
傳曰此事 似有大段後弊勿爲創開可也

3월 13일 예조에서 임금께 아뢰기를,

"선발된 기생이 비록 예조에 속하나 예비기생이 부족합니다. 때에 임해서 수용에 응하여 판출하는 이치가 되는 것은 결코 안 됨을 이미 임금께 의견을 알려 드렸습니다.

최근에 도감에서 예조에 전한 말에 이르기를 "황해도와 평안도에서 보내는 방기의 일은 전적으로 믿을 수 없습니다. 빈손으로 기다리다간 장차 크게 사단을 일으킬 것입니다. 서울 근처에 있는 기생을 관에서 약간명 뽑아 될 수 있는 대로 불러 모으고자 합니다. 명령이 비록 도감에서 나오지만 해조(예조)를 의당 거쳐서 임금의 재가를 받아야 하므로 조정에서 임금께 아뢰어야 비로소 가능합니다.

수원 · 원주 · 춘천 · 공주 · 충주 · 청주 6읍에서 각각 적합한 기생 2명을 사람을 시켜 뽑아 즉시 몸을 꾸며서 보내도록, 도감이 명령을 내려 재촉하여 편안하게 데려오는 바탕으로 하는 것이 어떠하겠습니까."라고 하였습니다.

임금이 이 일은 대단(漢緞) 후에 죽음이 있는 것과 같으므로[35] 조회하지 않아도 가하다고 전교하였다.

同日稟目

1 各日宴享時假提調二十員進止官二十五員頭目對客官三員頭目進止書吏十人令吏曹差定何如堂上手決內依

1 房妓所着衣裳足道里依前例令東西活人署進排何如 堂上手決內依
勅使已爲渡江不久入京醫女等依前例待候館底裝梳整頻而上司各處侵責使喚不一而足極爲不當今後切勿侵責事捧甘于內醫院何如 堂上手決內依
捧甘內醫院

1 遊觀時濟川亭舊基依前設帳幕事已爲停當則設宴擧措不可不預爲磨鍊敢稟
堂上手決內磨鍊

같은 날 여쭙는 글

1 각 날의 연향 때 가제조[36] 20원, 진지를 올리는 진지관 25원, 두목의 대객관[37] 3원, 두목에게 진지 올리는 진지서리[38] 10인을 이조로 하여금 담당하도록 함이 어떠합니까.

당상이 수결[39]은 여쭙는 글에 의거하여 하라 하였다.

1 방기가 입을 의상과 족도리는 전례에 의거하여 동서활인서[40]가 진배하는 것이 어떠합니까.

당상이 수결은 여쭙는 글에 의거하여 하라 하였다.

칙사가 이미 강을 건넜습니다. 머지않아 경성으로 들어오니 의녀 등은 전례에 의거하여 관사에서 몸을 깨끗이 단장한 다음 윗어른의 명령을 기다리고, 상부 관청은 각처에서 성실하지 않은 사환에 대하여 책임을 추궁할 것입니다. 더없이 지극히 부당한 것은 금후 책임을 추궁하지 않는 절박한 일입니다. 내의원에 공문을 보내 받들도록 하는 것이 어떠합니까.

당상이 수결은 내의원[41]에서 받은 감결에 의거하여 하라 하였다.

1 한강 유관 때 제천에 있는 정자 옛 집터에 전례에 의거하여 장막을 설치할 일은 이미 사리에 합당하다고 하였으므로 연회는 불가불 열어야 합니다. 미리 마련할 것을 감히 아룁니다.

당상이 수결은 마련한 대로 하라 하였다.

三月十四日 遠接使平安監司黃海監司了

1 爲相考事

遠接使狀啓內節該京中房妓索出無路兩西妓生便行之意鄭譯處開諭事狀

啓據都監粘連啓目 云云

啓下是白有亦勅使入京之後房妓一事極爲難處況

上年發捕盜搜括私娼之故今年則閭巷一空萬無策應之路極爲可慮爲白置

西路房妓便行事十 分措辞萬端善諭期於便行則最爲多幸勿以一番見拒爲

止累累言說必以蒙許爲乎矣

到京後所爲未可預料依前啓下公事前定各十名勅使未入京前急急上送俾

無臨時窘迫生事之 患事嚴明知委向事

3월 14일 원접사가 평안감사와 황해감사에게

1 상고할 사항

원접사의 장계[42]안에, "이번에 경성 안에서 방기를 뒤져 찾아낼 길이 없습니다. 황해도와 평안도 기생을 취할 뜻이 있음을 정역[43]이 거처에서 피력한 일을, 도감에 붙이는 장계의 계목[44]에서 운운하였습니다.

계하 하오신, 칙사가 경성에 들어온 후에 방기에 관한 한 가지 일은 극히 난처한 상황입니다.

지난해 도둑을 잡는 포교를 내보내 사창을 수색하여 기생들을 모았습니다.

결과로, 금년에 여염(백성들 집이 모여 있는 곳)집이 텅비어 아무것도 없었습니다. 결코 있을 수 없는 계책을 통하여 서로 돕는 길이 열렸습니다. 지극히 염려스럽기도 하였습니다. 서로(西路)[45]의 방기를 취하여야만 하는 일을 충분히 설명하여 얼크러진 실마리를 좋게 풀었습니다. 방기들에게 행한 훈유가 가장 다행스러운 것이 되었음은 물론입니다. 이렇게 하여 한번 보고 반항을 막아 잡았습니다. 누누이 말하고 설명하여 필히 이로서 은혜를 입고 허락했습니다.

경성에 도착한 후 예측할 수 없는 일이 생기면 전례에 의거하여 다스리고, 앞서 각 10명으로 정한 임금의 재가를 받은 공사(公事)는, 칙사가 아직 입경하기 전에 시급히 올려 보냅니다. 때를 당하여 사단을 일으키는 몹시 군색한 우환이 없도록 엄격하고 명백하게 명령을 내려서 거행할 일입니다."

三月十七日 兩西監司了

1 爲相考事

黃海道上送妓生安岳三名海州二名內容貌麤惡皆不合於房妓髣不喻其中有年近五十者又者不似官物者再三推覈則言語動靜乃是常漢家私婢是去乎此必定送妓生以其婢子代送所當各其官吏入啓處置而此時西路守令慮有遞易之弊

姑爲容叙爲在果今後海西加定五名及関西未及来十名乙以年少有姿色新衣服之妓極擇上送而各其容貌年歲後錄牒呈爲旀彼人往来時未曾経新面目之妓上送向事

3월 17일 황해감사와 평안감사에게

1 상고할 사항

황해도에서 올려 보낸 안악기생 3명과 해주기생 2명 중 용모가 추악한 자 모두는 방기로서 합당하지 않을 뿐만 아니라, 그중 50에 가까운 자와 또 관기 같지 않은 자가 있어 재삼 캐어 물어 사실을 말하게 하니 언어와 행동이 상놈집의 사비(私婢)이다. 이에 반드시 다시 뽑아 보내야 한다. 그 비자(婢子)를 대신하여 보내는 각 담당 관리는 계장(啓狀)을 왕에게 올리는데, 이때 서로(西路)의 수령을 다시 교체하는 폐가 있을 염려가 있다.

용모가 아름다운 시기는 일정한 기한이 있으니 금후 황해도가 추가로 정한 5명 및 평안도가 아직 보내지 않는 10명의 기생은 어리고 자색을 겸비한 자로 매우 정밀하게 골라 새옷을 입혀 올려 보내고, 각 기생들의 나이는 글 끝에 다시 덧붙이어 기록하여 서면으로 상관에게 보고하며, 중국사신이 왕래했을 때 만난 적이 없는 새로운 얼굴의 기생을 올려 보낼 것이다.

同日

平安監司牒呈内

房妓五名今將發送爲在果今當此行臨發之際京中無房妓與否十分言說後此道及黃海道房妓便行至京之意又爲開諭則依此聽從今方率去極爲多幸爲在果或恐中路改轍此意丁寧分付於譯官等處俾無失約之弊爲臥乎事

同日稟目

宴享時笏記下品擣鍊紙一丈進排事

堂上手決内依長興庫

同日稟目

1 京外房妓拘留待侯處地排空石三十立依前例進排各妓供饋事及臙脂粉飛陋眞油明鏡二面等進排事各該司良中捧甘何如

堂上手決内依應辦色禮賓寺平市署軍資監司宰監内贍寺廣興倉

같은 날

평안감사가 서면으로 보고한 내용에,

방기 5명이 오늘 출발하고자 합니다. 이제 출발에 임박하여 이 일행에게 경성 안에 방기가 없음을 충분히 말하고 설명한 후 평안도와 황해도 방기들이 경성으로 가야 하는 마땅한 이유를 들어 잘 타일렀습니다. 이것을 듣고 따라나와 곧 거느리고 가니 더없이 다행한 일입니다. 혹시 중로에서 다시 돌아올 염려가 있을지도 모르겠습니다. 이 뜻을 역관에게 전하여 되풀이해서 알려 분부하는 등 처리했습니다. 약속을 지키지 못하는 폐가 없게 하옵소서.

같은 날 상관에게 여쭙는 글

연향 때에 쓸 하품 도련지 1장을 납품 바랍니다.

당상이 수결은 장흥고에서 받은 감결에 의거하여 하라 하였다.

같은 날 상관에게 여쭙는 글

1 경성 밖 방기를 가두어 명령을 기다리게 하고 있는 곳에 쓸 지배공석[46] 30립을 전례에 의거하여 납품하고, 각 기생에게 음식 먹이는 일 및 연지 · 분비루[47] · 참기름 · 명경[48] 2별 등을 납품하도록 각 해당되는 관청에서 감결을 받는 것이 어떠합니까.

당상이 수결은 응판색 · 예빈시 · 평시서 · 군자감 · 사재감 · 내섬시 · 광흥창에서 받은 감결에 의거하여 하라 하였다.

同日稟目

1 京外房妓皆無鞋襪應入人等雖不可一一備給而不可不預備以待鞋襪各五件措備爲遣鞋則用後還下何如

堂上手決内自前巫女借用東西活人署鞋則還下襪則仍給

1 房妓次待候女人等足巾皆是破裂不可不新造以給磨鍊上下何如

堂上手決内都計步木一疋上下軍色絲則平市署

같은 날 상관에게 여쭙는 글

1 경성 밖의 방기 모두가 신발과 버선이 없으므로 모두에게 당연히 들여야 합니다. 비록 하나하나 준비하여 제공하는 일이 가능하지 않다 할지라도 예비는 반드시 있어야 합니다. 예비로 비축하는 신발과 버선 각각 5건을 조처하여 준비하고 신발은 사용한 후 반환하는 것이 어떠합니까.

당상이 수결은 앞서 무녀가 차용한 것으로 하라 하였다. 동서활인서의 신발은 사용한 후 돌려주고 버선은 그대로 지급하라 하였다.

1 방기를 하기 위해 명령을 기다리고 있는 여인 모두가 족건[49]이 찢어졌으므로 반드시 새로이 만들어 제공해야 합니다. 마련하여 지급해 주는 것이 어떠합니까.

당상이 내도[50]의 계보목 1필을 대어주라고 수결하였다. 군색사(軍色絲)는 평시서에서 담당하도록 하였다.

同月二十一日稟目

1 卽刻差備承傳色分付內

今此勑使便殿接見時勑使二員及鄭譯外頭目則一依己卯冬勑使時例自都監豐備接待事分付矣依己卯年例內贍寺頭目宴床及別賜酒床排饌物合設一床次急急加磨鍊何如

堂上手決內依

同月二十二日 都監啓曰

伏見政院宗宰單子每宴以五員磨鍊啓下矣

近來勑使時例以三員入叅今不可有異於前日二員令政院減下何如

傳曰依啓當該承旨難免不察之失推考

같은 달 21일 여쭙는 글

1 즉시 차비승전색[51]이 분부한 것 안에,

"이번에 칙사가 편전을 접견할 때, 칙사 2원 및 정역(鄭譯) 외 두목에게, 기묘년(1639년) 겨울 칙사 때의 예에 의거하여 모든 것을 도감에서 풍부하게 준비하여 접대할 것을 분부하셨습니다. 기묘년 예에 의거하여 내섬시는 두목의 연상과 별사주상에 차리는 음식을 급하게 추가하여 마련하는 것이 어떻겠습니까."

당상이 수결은 품목(여쭙는 글)에 의거하여 하라 하였다.

같은 달 22일 도감에서 임금께 아뢰기를,

"엎드려 승정원의 종재단자[52]를 보니 매 연회마다 5원(員)으로 마련하도록 임금의 재가를 받았습니다. 곧 오는 칙사 때에 3원으로 하여 입참[53]하는 예는, 전날의 2원과는 다른 것으로 가하지 않습니다. 승정원으로 하여금 삭감하게 하는 것이 어떠하겠습니까."

임금이 아뢴 대로 하라고 전교하고 해당 승지의 저지른 실수는 면하기가 어려우니 허물을 추문(推問)하여 고찰할 것을 전교하였다.

同月二十三日
掌樂院牒呈內
今此勅使出來時碧蹄站迎慰宴進去舞童工人躬親官員一員領去色吏一名執事典樂二人歌童二名舞童四名工人八名等依前供饋等事同站都差使員處分付爲只爲
堂上手決內前例相考移文 勅使回還時因其分付樂工等不送於碧蹄

三月二十五日
勅使巳時到明政殿未時到館不行見官禮二十六日出往慕華館宣諭百官都民

같은 달 23일

장악원에서 상관에게 서면으로 보고하는 글 안에,

이번에 칙사가 올 때 벽제참에서 위연(慰宴, 위로연)으로 맞이하는데, 앞으로 나아가고 물러나는 무동[54]과 공인[55]을 관원 1원이 몸소 친히 함께 데리고 가고, 색리[56] 1명은 집사 · 전악[57] 2인 · 가동[58] 2명 · 무동 4명 · 공인 8명 등에게 전례에 의거하여 밥을 먹이는 등의 일을 하도록, 벽제참의 도차사원[59]이 처리하여 분부하게 할 것입니다.

당상이 수결은 전례의 공문서를 상고하여 하라 하였다. 칙사가 돌아갈 때 그 분부에 의거하여 악공 등을 벽제에 보내지 말라 하였다.

3월 25일

칙사가 사시(巳時, 오전 10시)에 명정전에 도착하고 미시(未時, 오후 2시)에 모화관에 도착하였다. 「관리들을 보는 예」는 하지 않았다. 26일 모화관을 나와 백관과 도민(都民)에게 널리 포고하였다.

三月二十六日都監啓曰
當刻勅使慕華館宣諭後還館卽行見官禮下馬宴則退行云矣敢啓
傳曰知道

同日都監啓曰
今日不爲下馬宴依前例別茶啖排入之意敢啓
傳曰知道自後空日每如是啓辞

同日都監啓曰
卽刻李馨長極陳房妓之獘於鄭譯則鄭譯曰馱來遠方搜索閭家之際果爲有獘
時方入房者外留置二三人其餘則並爲送還云敢啓
傳曰知道

3월 26일, 도감에서 임금께 아뢰기를,

"칙사가 모화관에서 널리 포고한 바로 그 시각 후 모화관에 돌아와 「관리들을 보는 예」를 행하고 하마연(下馬宴, 환영연)은 다른 날로 물려서 행한다 하니 이를 감히 아뢥니다."

임금이 알았다고 전교하였다.

같은 날, 도감이 임금께 아뢰기를,

"오늘 전례에 의거하여 하마연은 하지 않고 별다담을 차려 들일 뜻을 감히 아뢥니다."

임금이 알았다고 전교하였다.

이후부터는 매양 이와 같이 일을 하지 않고 쉬는 날 한다고 상주하였다.

같은 날, 도감이 임금께 아뢰기를

"이형장(조선의 역관)이 정역에게 즉시 방기의 폐해를 극력 고한 결과로 정역이 말하기를, '말을 타고 멀리서 왔으나 여염집을 수색함으로 해서 폐가 있었습니다. 지금 방에 들어간 자와 밖에 머무르는 자는 이 · 삼인이니 그 나머지 모두는 돌려 보내십시오'라고 운운하여 감히 아뢥니다."

임금이 알았다고 전교하였다.

三月二十七日都監啓曰
卽刻差備譯官以鄭譯意來言今日頒勅後欲爲下馬宴矣
日勢已晩下馬宴當爲退行云敢啓
傳曰知道

三月二十八日都監郎廳以左議政意啓曰
今日臣與宰臣元斗杓李時昉俱詣勅使所館處請下馬宴則兩勅使出坐西宴廳
受宴行酒完杯禮等事依例行之臣等勸酒則稱以素無酒量不得盡爵云臣等因
爲辭退之意敢啓
傳曰知道

3월 27일 도감이 임금께 아뢰기를,

"즉각 차비역관이 정역의 뜻으로 와서 말했습니다. 오늘 칙서를 반포한 후 하마연을 하고자 하는데, 해가 저물면 하마연은 당연히 다른 날로 물려서 행한다고 하니 감히 아룁니다."

임금이 알았다고 전교하였다.

3월 28일 도감낭청이 좌의정의 뜻으로 임금께 아뢰기를,

"오늘 신(좌의정 심열)과 재신 원두표(형조판서) · 이시방(형조참판)과 함께 칙사가 머무르는 모화관에 가서 하마연을 청하였습니다. 양 칙사가 나와 앉아 서연청에서 연(宴)을 받고 행주하였습니다. 완배례(完杯禮) 등의 일을 예에 의거하여 행한 신 등이 술을 권하니 본디 주량이 없다고 말하면서 부득이 술잔을 놓는다 운운하였습니다. 신 등은 이로서 물러날 뜻을 감히 아룁니다."

임금이 알았다고 전교하였다.

三月二十九日都監啓曰
都監凡事百般周旋僅得無事矣今日漢江船遊鄭譯飮酒至醉仍爲醻酒自言今番則百事除弊而吾家丁不言於吾而亦給房妓是何事耶因令捉入宴享色郎廳棍打八度使之改差而臣方待候館下若知其奇則或可入去周旋不至辱國而捲帳譯官皆爲退去不爲來言既打之後始聞其奇極爲痛愕令該曹各別重治何如
傳曰依啓(家丁房妓通事李論善以鄭譯之意使之入之故宴享色不得不入之而竟致生事)

3월 29일 도감이 임금께 아뢰기를,

"도감이 여러 가지로 일이 잘 되도록 이리저리 힘써서 변통하여 겨우 모든 일을 무사히 얻을 수 있었습니다. 오늘 한강 선유(뱃놀이)에서 정역이 술을 마시고 취했습니다. 술 마신 김에 스스로 말하기를 '이 차에 온갖 폐가 될 만한 일을 덜어 버리겠습니다. 나의 가정(家丁)이 나에게 말은 하지 않았습니다만 가정에게 방기를 주었는데, 무슨 일인지 어떤 연유로 영을 잡을려고 들어왔습니다. 연향색 낭청이 곤장으로 8번을 때리고는 사람을 시켜 갈아 버렸습니다. 신이 바야흐로 관에 내려가 명령을 기다리면서 그 기이한 일을 대략 알았습니다. 제멋대로 들어오고 나가는 꼴이 나라를 욕되게 하는 데까지에 이르렀습니다. 휘장(장막)을 거들던 역관 모두가 나가 버려, 와서 말하지 못하였고 이미 곤장으로 때린 후였습니다. 그 기이한 일을 듣고 비로소 놀라 통분하였습니다'라고 하였습니다. 해조에서 각별히 중하게 다루게 하는 것이 어떠합니까."

임금이 아뢴 대로 하라고 전교하였다.

가정(家丁)의 방기 통역사 이논선을 정역의 뜻으로 부리러 들여보냈으므로 연향색은 부득불 들이고, 사단을 일으킨 것에 대하여는 일이 끝난 다음 물으라 하였다.

同日
都監郎廳單子李丕顯代禮曹正郎尹世任改付標啓

同日 備邊司啓曰
房妓一事爲都下莫重之獘自聞 勅使先聲人
人自畏或有奔避者追突執捉之際閭巷騷然人無樂生之心矣
今聞李馨長之言鄭譯之所大欲在於中和官婢寶生免賤事也
今若遂其所願則京中房妓一事非所慮也渠當與鄭譯牢約後日西路房妓至京
城便行而京城則更無侵擾之患云若然則失一官婢而可除都民莫大之獘矣惶
恐敢啓
答曰依啓此事若或一二番施行而止則李馨長難免欺罔之罪矣

같은 날 도감낭청을 이배현 대신 예조정랑 윤세임으로 바꾸도록 단자에 부표[60]함을 아뢰었다.

같은 날 비변사에서 임금께 아뢰기를,

"방기에 관한 한 가지 일이 서울 안에서 막중한 폐해가 있었습니다. 들리는 바로는 칙사는 전부터 알려진 명성 있는 사람이라고 합니다.

사람은 두려워하거나 혹은 달아나고 피하는 자가 있으면 자연히 좇아가 잡습니다. 잡을 때 여염집의 떠들썩한 사람에게는 악공의 마음이 없습니다.

지금 이형장(조선의 역관)의 말을 들으니 정역은 유난히 욕심이 많은 바가 있어 중화관(중국관)에 있는 노비 보생에게 천인의 신분을 면하게 하여 평민이 되게 한 일도 있습니다. 이제 만약 그 소원을 들어 준다면, 경성 안의 방기에 관한 한 가지 일은 비난받을 염려가 있습니다. 저들은 의당 정역과 더불어 짐승입니다. 훗날 황해도와 평안도의 방기가 경성에 도착하여 취하게 되면 경성의 여염집에(기생들을 잡기 위하여) 다시 요란하게 쳐들어가야 하는 염려는 없다고 합니다. 그러하니 관비(官婢) 1명을 잃고 서울 사람들의 막대한 폐를 없앨 수 있습니다. 황공하옵게도 감히 아룁니다."

임금이 답하기를 아뢴 대로 하라 전교하였다. 이 일은 대략 한두 번 시행하고 그만 둘 것이며 이형장은 면하기 어려운 기망한 죄가 있다 하였다.

同日京幾開城府兩西監司了
都監爲相考事節啓下敎都監啓辭內
昨夕右議政使譯官李耋送言于鄭譯以謝病未相見之意且言沿路七處宴享來時不捧心甚未安下去時則可以受之欲明知受與不受預爲分付云則鄭譯答曰中路聞申政丞之仆不任警怛入京大監又
以病患不卽奉拜心甚缺然翌日宴時若爲押宴則當拜謁矣七站宴享事則皇帝軫念西路民獘使之勿受故上來時旣不得受下去時何可受也丁寧不受之宴虛送餞慰使及禮單殊極有獘愼勿下送云
李耋往復再三詳盡講定餞慰使不爲下送設宴諸具勿爲備待之意京圻開城府兩西行移何如
傳曰允事傳敎是去有等以敎旨內辭意奉審施行向事

같은 날 경기도 · 개성부 · 황해도 · 평안도 감사에게

도감이 상고한 절목[61]의 임금의 재가를 받아 내린 왕명에서 임금에게 올린 상주 문서 안에,

"어젯저녁 우의정(심기원)이 역관 이질을 보내어 정역에게 말하도록 하였습니다. 병으로 아직 상견하지 못했다는 뜻과 또 오실 때 연로[62]의 7개처에서 베푸는 연향에서 받들지 못한 마음을 대단히 미안하게 생각하며, 돌아가실 때 연향[63]을 받으시는 것이 좋습니다만, 받으실지 받지 않으실지 분명히 알고자 하오니 미리 분부하십시오 라고 말하였습니다. 정역이 대답하기를, '중로에서 신정승[64]이 병환으로 소임을 하지 못했음을 듣고서 깜짝 놀라 경성에 들어왔습니다. 대감께 또한 대감의 병환으로 충심으로 인사드리지 못하여 지극히 서운했습니다. 익일연(翌日宴) 때에는 연을 수행하시어 당연히 배알할 수 있겠습니다. 7군데 참(站)에서의 연향 건은 황제가 마음을 써서 근심하는 일입니다. 서로(西路)의 민중에게 폐를 끼쳐서 받는 것이 아니기 때문에 경성으로 올 때 부득이 받았습니다. 그러나 경성을 떠나 돌아갈 때 어찌 받을 수 있겠습니까. 틀림없이 연(宴)을 받지 않을 것입니다. 헛되이 보내는 전위사[65]에게 극히 특수한 예단으로 인하여 폐를 끼치고 있으니 성심으로 말씀드립니다만 내려 보내지 마십시오' 라고 운운하였습니다.

이질이 왕복하여 두 번 세 번 상세히 이야기하여 결정하고는 전위사에게 연을 설행하는 데 소용되는 여러 기구를 내려 보내지 않았고 준비하지도 않았습니다. 대접할 뜻

을 경성은 접고 개성부 · 황해도 · 평안도로 옮겨가는 것이 어떠하겠습니까."

임금이 윤허한다고 전교하옵는 등 교지[66]에 사양하는 의사를 받들어 시행할 것이라 하였다.

四月初一日都監啓曰
卽刻勅使差備通事來言今日晝奉杯勿爲之明日受別宴再明日上馬宴後初四日定發云依例空日別茶啖排入之意敢啓
傳曰知道

四月初二日都監啓曰
鄭譯以差備譯官傳言曰朝廷請留如是繾綣將爲退行明日行別宴明明日行上馬宴初五日則當爲整理行李而初六日發行云敢啓
傳曰知道

4월 1일 도감이 임금께 아뢰기를,

"금방 칙사의 차비통사[67]가 와서 말하기를 주봉배[68]를 하지 않고, 내일 별연(別宴)을 받으며, 모래 상마연(上馬宴)을 받는데, 상마연 이후 4일로 정해 출발한다 합니다. 전례에 의거하여 휴일에 별다담(別茶啖)을 들일 뜻을 감히 아룁니다."

임금이 알았다고 전교하였다.

4월 2일 도감이 임금께 아뢰기를,

"징역이 차비역관 편에 전하여 말하기를, '조정에서 청하는 것이 이와 같이 마음에 깊이 서리어 생각하는 정이 못내 잊히지 아니하와 머물러 있습니다. 장차 출국합니다만, 내일 별연(別宴)을 하고, 모레 상마연을 하며, 5일에 행장을 정리하여 6일에 출발하고자 합니다' 하니 감히 아룁니다."

임금이 알았다고 전교하였다.

同日都監啓曰
今日當爲別宴之意言于鄭譯則明日上馬宴時兼行爲當云今日別茶啖排入之意
敢啓
傳曰知道

四月初四日都監郎廳以右議政意啓曰
臣與宰臣金自點金南重等俱詣館中令譯官請宴則兩勅使及鄭譯出坐西宴廳
上馬宴別宴合爲設行酌數則依一宴例行之別無問答之事完盃禮畢後罷出之
意敢啓
傳曰知道

같은 날 도감에서 임금께 아뢰기를,

"오늘 의당 별연(別宴)을 할 뜻이 있음을 정역에게 말하니, '내일 상마연(上馬宴) 때 당연히 겸행한다'고 합니다. 오늘은 별다담(別茶啖)을 들일 뜻을 감히 아룁니다.

임금이 알았다고 전교하였다.

4월 4일 도감낭청이 우의정의 뜻으로 임금께 아뢰기를,

"신(우의정 심기원)과 재신 김자점(좌참찬) · 김남중(행호군) 등 모두가 모화관에 나아가, 역관을 시켜 연(宴)을 청하였습니다. 양 칙사와 정역이 서연청에 나와 앉아 상마연과 별연을 합해 설행하고, 술잔의 숫자는 일체를 연(宴)의 예에 의거하여 행하였습니다. 특별히 묻고 답하는 일이 없이 완배례(完盃禮[69])를 끝마쳤습니다. 마치고 나갈 뜻을 감히 아룁니다."

임금이 알았다고 전교하였다.

四月初六日都監郎廳以左議政意啓曰
臣與宰臣尹暉李景曾詣慕華館請行餞宴茶禮行酒完盃禮等事一如常儀臣等
措辭叙別則勅使答曰云云詳在都廳謄錄 臣等辞退 勅使發去矣敢啓
傳曰知道

4월 6일 도감낭청이 좌의정의 뜻으로 임금께 아뢰기를,

"신(좌의정 심열)과 윤휘(공조판서) · 이경증(이조판서)이 모화관에 나아가 전연다례(餞宴茶禮)와 행주완배례(行酒完盃禮) 등을 청한 일 일체는 다만 평상시의 의례로 하였습니다. 신 등이 글의 마디를 얽어서 만들어 차례로 구별하였습니다만, 칙사가 상세한 것은 도청등록에 있다는 등으로 답하여 운운하였습니다. 신 등은 작별을 고하여 물러가고 칙사도 퇴장해 나갔음을 감히 아룁니다."

임금이 알았다고 전교하였다.

本色後考事實

1 丁丑以後接待之事每以房妓逢彼之怒色吏刑杖因爲病人者甚多郎廳被杖至於都廳拿入故上年冬則不得已以捕盜軍搜括私娼以致閭里騷動矣今番則兩西妓生便行之故不至於大段生事是齊

1 都監發遣譯官諭以京中房妓難得閭里騷擾之獘且遠接使去時亦爲言送累次開諭鄭譯故兩西房妓幸許率來爲白有齊

1 京中醫女依前例待候而京江舡上遊女二人及京中私娼曾経者三人執捉拘留給料供饋以待彼人之求索矣

勅行入京後上副使房妓各一入之與西路便行者爲各二是旀鄭譯曾経醫女二人則依其言終始待候而鄭譯及李論善頭目五人皆率西妓是旀頭目一家丁二則不率西妓故初以鄭譯之言入給京女三人諭善又自率一女爲有如可鄭譯醉醻怒其論善擅率一女而並與家丁所率三女而黜之因而郎廳被杖改差爲有齊

본색이 후에 상고한 사실

1 정축년(1637)의 예대로 후에 접대한 일은 매번 방기 때문에 중국인들의 노여움을 샀습니다. 색리가 형장(죄인을 심문할 때 쓰는 몽둥이)으로 인하여 병자가 된 일이 지극히 많았습니다. 낭청이 지닌 몽둥이는 도청[70]도 지니고 거들기 위하여 들어 갔습니다. 작년 겨울에는 부득이 포도꾼이 사창을 수색 점검하였는데, 여염집 마을에까지 미쳐서 소동이 있었습니다. 이번에 황해도와 평안도 기생을 취하여 크게 사단을 일으키는 지경에는 이르지 않았습니다.

1 도감이 임무를 주어 파견한 역관이 고하기를 "경성 안에서 방기 구하기가 어려워 여

염집이 있는 마을에서 소란을 일으키는 폐가 있었습니다. 원접사가 물러날 때 누차 사리를 알아 듣도록 잘 타일러 보냈고 정역이 황해도와 평안도 방기를 다행히 허락하여 데리고 왔습니다."라고 아뢰었습니다.

1 경성 안의 의녀가 전례에 의거하여 명령을 기다리고 있었습니다. 한강 뱃놀이할 때 쓸 유녀(遊女) 2인 및 경성 안의 사창에 있는 일찍이 경험이 있는 자 3인을 붙잡아 가두어 급료와 먹을 것을 주었습니다. 이로서 중국인들이 구하는 것을 찾아 중국인들에게 대접할 수 있었습니다. 칙사 일행이 경성에 들어온 이후 상사와 부사에게 각각 방기 1인을 들였습니다. 더불어 황해도와 평안도 방기로 각각 2인을 취하도록 하였습니다. 정역이 일찍이 경험한 의녀 2인은 그 말에 의하면 시종 명령을 기다리고 있었습니다. 정역 및 이논선(방기 통역사)과 두목 5인 모두는 황해도와 평안도 방기를 거느렸습니다. 두목 1인과 가정 2인은 황해도와 평안도 방기를 거느리지 못하였으므로 처음에는 정역의 말대로 경성의 방기 3인을 들여보내 주었습니다. 논선이 또 제멋대로 한 여자를 거느렸으므로 정역이 술에 취해 성을 냈습니다. 논선이 한 여인을 제 마음대로 임의로 거느렸기 때문에 더불어 가정도 거느리고 있던 3명의 여인 모두를 물리쳤으므로 그로 인하여 낭청이 몽둥이를 지니게 되었고 낭청의 벼슬을 갈았습니다.

1 李論善以鄭譯言入女鄭怒其僞言自擅移怒於郎廳醒後頗悔且有以其所親人請賞事與李馨長約定今後京中私娼勿侵而當以西妓便行云云爲有齊
1 以前之爲觀之則今番之事多幸故當初以大臣分付燕尾亭鳳翔站遊於稅舡耗費國穀之女若干捉來者則并卽放送而當初移文乙亦不謄錄勿爲後日拔例之獘爲有齊
1 平安黃海道因都監関上送者則皆是年多貌醜劣不喻勅使一行西路房妓便行故兩道妓生並皆還送爲有齊

1 이논선은 정역의 말을 듣고 여인을 들였습니다. 정역은 그것이 거짓이라 하여 분노했습니다. 스스로 제멋대로 말을 옮겨 낭청에게 화를 내고는 술이 깬 다음에 자못 후회하여 또 그곳에 친히 사람을 청하여 칭찬하는 일도 있었습니다. 더불어 이형장(조선의 역관)과 약속하기를 금후 경성 안의 사창가는 쳐들어가지 않고, 당연히 황

해도와 평안도 방기만 취하겠다고 말하였습니다.

1 전의 일을 관찰한 바로는 금번의 일은 다행하기도 합니다. 당초 대신의 분부로 세선(稅船)으로 봉상참 연미정(燕尾亭)에 놀러간 바 국곡(國穀)으로 비용을 축냈습니다. 잡아서 데려온 몇 명의 여자는 모두 방면하여 보냈습니다. 당초의 공문[移文]을 등록에 기록하지 않았습니다. 뒷날 누락되는 예의 폐가 되지 않을까 걱정됩니다.

1 평안도와 황해도에서 도감이 이야기하여 보낸 자 모두는, 대부분이 용모가 추하였습니다. 칙사 일행이 서로(西路)의 방기를 취했기 때문에, 개성과 강화 기생 모두는 전부 돌려 보냈습니다.

司饔院所掌移屬本色次知

今番勅使時一等頭目四人對客一員別賜酒床排初以六度宴磨鍊内二度宴則兼行於他宴四度設行未行二度宴十床雜物移用於便殿接見時頭目九人對客一員

每一床所入

乾大文魚半条式

乾大口魚半尾式

乾雉半首式

全鰒四介式

片脯一介式

乾猪一斤式

灰全鰒五串式

乾海參四合式

乾紅蛤四合式

醢水一合式

塩一合式

生猪肉一斤式

熟猪肉一斤式

鷄兒半首式

中生鮮一尾式

紅柿代黃栗五合式
生梨五介式代用實榛子
實生栗二合式
乾柿二串式
實栢子一合式
大召一合式
五味子正果五合式
清一合式
汁油一合式
醋一合式
苦萓三兩式
生芋五錢式
艮醬四合式
芥子五夕式
絲紙次三色紙各一張

所用器皿雜物則隨所入各該司取用後還下

熟手李論卜　李卜　李德吉
軍色募軍四名 守直軍士二名

사옹원 담당을 다른 관청으로 옮김. 본색(연향색)이 담당함

금번 칙사 때 1등두목 4인과 대객 1원에게 임금이 특별히 내리는 사주상[別賜酒床]을 들이는데, 처음에는 6회의 연을 마련하였으나 그중에서 2회의 연은 다른 연과 겸행하여 4회 설행하므로 행하지 못한 2회의 연회상은 잡물색이 편전 접견 때에 두목 9인(1등두목 4인+3등두목 5명) 대객 1원을 위하여 10상으로 전용(轉用)하여 쓴다.

매 1상 소입
말린 대문어 1/2조(條)
말린 대구 1/2미(尾)
말린 꿩 1/2수(首)
전복 4개
편포 1개

말린 돼지 1근
회전복[71] 5꽂이
말린 해삼 4홉
말린 홍합 4홉
젓액 1홉
소금 1홉
생돼지고기 1근
익힌 돼지고기 1근
어린 닭 1/2수
중생선 1미
홍시 대신 황율 5홉
배 5개, 진자(개암)로 대용한다.
밤 2홉
건시 2꽂이
잣 1홉
대추 1홉
오미자정과 5홉
꿀 1홉
즙유[72] 1홉
초 1홉
도라지 3냥
생우[73] 5전
간장 4홉
겨자 5작
사지[74] 감 삼색지 각 1장

쓰이는 그릇과 잡물은 소입(소용)에 따라 각 해당되는 관청에서 가져다 쓴 후 돌려 준다.

숙수(熟手)는 이논복 · 이복 · 이덕길이다.
군색[75]의 모꾼(인부)은 4명이고, 맡아서 지키는 군사는 2명이다.

內資寺所掌
兩勅使大通官宴享六度內下馬宴翌日宴回禮宴別宴
上馬宴郊外餞(餞)宴六度磨鍊內回禮宴則兼行於翌日宴別宴則兼行於上馬
宴故二宴床不用而還下

下馬宴一床所入 上馬宴同
一行
中朴桂四器式每器
上末九升式 清六合七夕五分式 造清一升一合一夕五里式 油六合三夕式
二行
漢藥果五器式
上末五升式 清四合一夕七分八里式 造清六合五夕三分一里式 油五合式
黑湯二合五夕式
三行
六色實果六器式
實栢子三升式 實胡桃二升五合式 生梨十介式代實生栗一升式
大召二升五合式 俠實栢子一合五夕式
黃栗二升式
乾柿一貼式 俠實栢子一合五夕式

내자시 담당

양 칙사와 대통관을 위한 연향 6번은 하마연(下馬宴)·익일연(翌日宴)·회례연(回禮宴)·별연(別宴)·상마연(上馬宴)·교외에서 행하는 전연(餞宴)으로 6번 마련하는데, 회례연은 익일연에서 겸행하고 별연은 상마연에서 겸행하기 때문에 2번의 연상은 차리지 않고 돌려 준다.

하마연 1상 소입. 상마연도 같음
1행
중박계 4기, 매 기
밀가루 9되, 꿀 6홉 7작 5푼, 조청 1되 1홉 1작 5리, 기름 6홉 3작
2행
한약과 5기, 매 기

밀가루 5되, 꿀 4홉 1작 7푼 8리, 조청 6홉 5작 3푼 1리, 기름 5홉, 흑탕[76] 2홉 5작
3행
6색실과 6기씩
잣 3되
호두 2되 5홉
배 10개 대신에 밤 1되
대추 2되 5홉, 겹(俠)에 쓸 잣 1되 5작
황율 2되
건시 1접, 겹에 쓸 잣 1홉 5작

左俠
一行
紅望口消二器式
上末五升四合式 清二合二夕式 造清三合三夕式 油七合式 芝草二兩式 出油二合三夕式 黑湯一升三合式 沙粉白米二升一合三夕式
油沙望口消一器式每器
上末五升四合式 油一升式 清二合二夕式 造清三合三夕式 黑湯一升四合二夕式 油沙上末二升四合式 油一合四夕式
二行
白茶食二器式
上末三升二合四夕式 清二合六夕五分式 造清三合九夕七分五里式
全丹餠二器式每器
上末三升式 清二合四夕式 造清三合六夕式 油三合七夕式 黑湯一升四合七夕式
三行
小雲氷一器式每器
上末二升式 清五夕五分式 造清八夕二分二里式 油一合一夕式 汁清一夕三里式 造清一夕五分四里式
赤味子兒一器式每器
上末一升二合式 清八夕二分五里式 造清一合二夕七分八里式 油一合七

夕三里式　汁清一夕五分三里式　造清二夕三分式
白味子兒一器式每器
上末一升二合式　清八夕五分二里式　造清一合二夕七分八里式　油一合七夕三里式　清一夕五分三里式　造清二夕二分九里式
松古味子兒一器式每器
熟松古七兩式　清八夕式　造清一合二夕式 油二合三夕式　膠粘末二合二夕式　沙粉白米七合式　汁清二夕式　造清三夕式

좌협상

1행

홍망구소 2기

밀가루 5되 4홉, 꿀 2홉 2작, 조청 3홉 3작, 기름 7홉, 지초 2냥, 출유[77] 2홉 3작, 흑탕 1되 3홉, 사분백미 2되 1홉 3작

유사망구소 1기, 매 기

매 기마다 밀가루 5되 4홉, 기름 1되, 꿀 2홉 2작, 조청 3홉 3작, 흑탕 1되 4홉 2작, 유사상말 2되 4홉, 기름 1홉 4작

2행

백다식 2기

밀가루 3되 2홉 4작, 꿀 2홉 6작 5푼, 조청 3홉 9작 7푼 5리

전단병 2기, 매 기

매 기마다 밀가루 3되, 꿀 2홉 4작, 조청 3홉 6작, 기름 3홉 7작, 흑탕 1되 4홉 7작

3행

소운빙 1기, 매 기

매 기마다 밀가루 2되, 꿀 5작 5푼, 조청 8작 2푼 2리, 기름 1홉 1작, 즙청 1작 3리, 조청 1작 5푼 4리

적미자아 1기, 매 기

매 기마다 밀가루 1되 2홉, 꿀 8작 2푼 5리, 조청 1홉 2작 7푼 8리, 기름 1홉 7작 3리, 즙청 1작 5푼 3리, 조청 2작 3푼

백미자아 1기, 매 기

매 기마다 밀가루 1되 2홉, 꿀 8작 5푼 2리, 조청 1홉 2작 7푼 8리,

기름 1홉 7작 3리, 꿀 1작 5푼 3리, 조청 2작 2푼 9리

송고미자아 1기, 매 기

매 기마다 숙송기 7냥, 꿀 8작, 조청 1홉 2작, 기름 2홉 3작,

접착용 찹쌀가루 2홉 2작, 사분백미 7홉, 즙청 2작, 조청 3작

右俠

一行

紅亇条二器式每器

上末五升四合式　淸三合八夕五分式　造淸五合七夕七分五里式　油八夕式　汁淸一合九夕式　造淸二合八夕五分式　沙粉白米九合四夕式　芝草二兩式　出油二合三夕式

油沙亇条一器式每器

上末五升四合式　淸三合八夕五分式　造淸五合七夕七分五里式　油三合七夕式　油沙上末一升三合三夕式　汁淸一合一夕五分式　造淸一合六夕七分五里式　油八合式

二行

松古亇条二器式每器

熟松古一斤五兩式　淸二合式　造淸三合式　油三合式　膠粘米五合式　沙粉白米一升八合三夕式

染紅亇条二器式每器

上末四升式　淸四合式　造淸六合式　油三合七夕式　芝草二兩式　出油三合式　黃蜜二錢五分式

三行

栗味子一器式每器

黃栗一升三合式　油一合式　淸一合式　造淸一合五夕式　膠粘米一合五夕式　沙粉白米八合四夕式　汁淸二夕五分式　造淸三夕二分五里式

松古味子兒一器式每器

熟松古八兩式　膠粘米二合五夕式　淸八夕式　造淸一合二夕式　油二合三夕式　沙粉白米七合式　汁淸二夕式　造淸三夕式

赤味子兒一器式每器

上末一升式　淸一合式　造淸一合五夕式　油一合式　汁淸二夕五分式

油沙味子兒一器式每器
上末一升式 清一合式 造清一合五夕式 油一合式 汁清二夕五分式 造清三夕二分五里式

우협상

1행

홍마조 2기, 매 기

밀가루 5되 4홉, 꿀 3홉 8작 5푼, 조청 5홉 7작 7푼 5리, 기름 8작,
즙청 1홉 9작, 조청 2홉 8작 5푼, 사분백미 9홉 4작, 지초 2냥, 출유 2홉 3작

유사마조 1기, 매 기

밀가루 5되 4홉, 꿀 3홉 8작 5푼, 조청 5홉 7작 7푼 5리, 기름 3홉 7작,
유사상말 1되 3홉 3작, 즙청 1홉 1작 5푼, 조청 1홉 6작 7푼 5리, 기름 8홉

2행

송고마조 2기, 매 기

숙송기 1근 5냥, 꿀 2홉, 조청 3홉, 기름 3홉, 접착용 찹쌀 5홉,
사분백미 1되 8홉 3작

염홍마조 2기, 매 기

밀가루 4되, 꿀 4홉, 조청 6홉, 기름 3홉 7작, 지초 2냥, 출유 3홉,
황밀 2전 5푼

3행

율미자 1기, 매 기

황율 1되 3홉, 기름 1홉, 꿀 1홉, 조청 1홉 5작, 접착용 찹쌀 1홉 5작,
사분백미 8홉 4작, 즙청 2작 5푼, 조청 3작 2푼 5리

송고미자아 1기, 매 기

숙송기 8냥, 접착용 찹쌀 2홉 5작, 꿀 8작, 조청 1홉 2작, 기름 2홉 3작,
사분백미 7홉, 즙청 2작, 조청 3작

적미자아 1기, 매 기

밀가루 1되, 꿀 1홉, 조청 1홉 5작, 기름 1홉, 즙청 2작 5푼

유사미자아 1기, 매 기

밀가루 1되, 꿀 1홉, 조청 1홉 5작, 기름 1홉, 즙청 2작 5푼, 조청 3작 2푼 5리

面俠床
一行
魚肉四器式每器
中全鰒四串式 片脯一条式 文魚二条式 乾雉二首式
二行
乾南五器式每器
猪肉半部式 鷄兒三脚式 生蛤三十介式 鷄卵八介式 大灰全鰒一貼式
三行
煎魚肉五器式每器
煎魚中生鮮一尾式 軟鷄一首式 海參十介式
菜一器式每器 山參十兩式
猪肉每器十兩式
古物菉豆末二合式 艮醬六合式 椒椒一錢式
生芋三錢式 塩三合式 醋二合式
芥子二合式 都煑油一升式 果隔次楮注紙十四丈式

면협상
1행
어육 4기, 매 기
중전복 4꽂이, 편포 1조(條), 문어 2조, 말린 꿩 2수
2행
건남 5기, 매 기
돼지고기 1/2부(部), 어린 닭 3각(脚), 생합 30개, 계란 8개,
대회전복 1접
3행
전어육(煎魚肉) 5기, 매 기
전어중생선 1미, 어린 닭 1수, 해삼 10개
채 1기, 매 기
산삼 10냥,
돼지고기 1기, 매 기
돼지고기 10냥
고물 녹두가루 2홉, 간장 6홉, 후추 1전, 마늘 3전, 소금 3홉, 초 2홉,
겨자 2홉, 지짐기름[都煮油][78] 1되, 과격차저주지[79] 14장

翌日宴等十二床所入每床式

一行
白茶食二器式
上末九升式　淸九合式　造淸一升三合五夕式
全丹餠二器式每器
上末三合式　淸七合七夕五分式　造淸一升一合六夕二分五里式　油七合五夕式
二行
中朴桂一器式每器
上末九升式　淸七合七夕五分式　造淸一升一合六夕二分五里式　油四合五夕式
赤味子兒一器每器
上末三升式　淸二合五夕式　造淸三合七夕五分式　油五合式
栗味子一器每器
黃栗三升七合式　淸三合五夕式　造淸五合二夕五分式　膠粘米四合式
油沙味子一器式每器
上末三升式　淸二合五夕式　造淸三合七夕五里式　油二合式　膠粘米八合式　汁油三夕式
染紅味子一器式每器
上末三升式　油三合式　淸二合五夕式　造淸三合七夕五分式　芝草八錢式　出油一合式　黃蜜八錢式
三行
赤味子二器式每器
上末三升式　淸二合五夕式　造淸三合七夕五分式　油二合式　汁淸七夕五分式　造淸一合一夕二分五里式
白味子一器式每器
上末三升式　淸二合五夕式　造淸三合七夕五分式　油二合式　汁淸七夕五分式　造淸一合一夕二分五里式
雲氷一器式每器
上末六升式　油五合式　淸二合五夕式　造淸三合七夕五分式　汁淸一合式　造淸一合五夕式
添水一器式每器

上末五升式　清二合式　造清三合式　油三合式　汁清九夕式　造清一合三夕五分式
四行
六色實果六器式每器
實栢子二升式
實胡桃二升式
大召二升式
乾柿子九串式　俠實栢子一合二夕式
黃栗一升七合式
生梨代生栗一升式

익일연 등 12상 소입, 매 상

1행

백다식 2기

밀가루 9되, 꿀 9홉, 조청 1되 3홉 5작

전단병 2기, 매 기

밀가루 3홉, 꿀 7홉 7작 5푼, 조청 1되 1홉 6작 2푼 5리, 기름 7홉 5작

2행

중박계 1기, 매 기

밀가루 9되, 꿀 7홉 7작 5푼, 조청 1되 1홉 6작 2푼 5리, 기름 4홉 5작

적미자아 1기, 매 기

밀가루 3되, 꿀 2홉 5작, 조청 3홉 7작 5푼, 기름 5홉

율미자 1기, 매 기

황율 3되 7홉, 꿀 3홉 5작, 조청 5홉 2작 5푼, 접착용 찹쌀 4홉

유사미자 1기, 매 기

밀가루 3되, 꿀 2홉 5작, 조청 3홉 7작 5리, 기름 2홉, 접착용 찹쌀 8홉, 즙유(汁油) 3작

염홍미자 1기, 매 기

밀가루 3되, 기름 3홉, 꿀 2홉 5작, 조청 3홉 7작 5푼, 지초 8전, 출유(出油) 1홉, 황밀 8전

3행

적미자 2기, 매 기

밀가루 3되, 꿀 2홉 5작, 조청 3홉 7작 5푼, 기름 2홉, 즙청 7작 5푼,

조청 1홉 1작 2푼 5리

백미자 1기, 매 기

밀가루 3되, 꿀 2홉 5작, 조청 3홉 7작 5푼, 기름 2홉, 즙청 7작 5푼,

조청 1홉 1작 2푼 5리

운빙 1기, 매 기

밀가루 6되, 기름 5홉, 꿀 2홉 5작, 조청 3홉 7작 5푼, 즙청 1홉, 조청 1홉 5작

첨수 1기, 매 기

밀가루 5되, 꿀 2홉, 조청 3홉, 기름 3홉, 즙청 9작, 조청 1홉 3작 5푼

4행

육색실과 6기, 매 기

잣 2되

호두 2되

대추 2되

건시 9꽂이, 곁에 쓸 잣 1홉 2작

황율 1되 7홉

배 대신에 밤 1되

面俠床每床

一行

四色菜四器式每器

山參菜一器十兩式

其他三器隨節

二行

魚肉四器式每器

中脯一条式

乾雉五脚式
文魚二条式
紅蛤一升式
三行
乾南五器式
鷄兒三脚式
鷄卵八介式
猪頭四床并三頭式
大灰全鰒一貼式
中全鰒四串式
四行
煎魚肉五器式每器
猪肉十兩式
猪肝半部式
煎魚中生鮮一尾式
軟鷄一首式
海参十介式
果隔次楮注紙十四丈式
古物艮醬六合式 菉豆末二合式 椥椒二錢式 生芋三錢式 塩三合式 芥子二合式 醋 二合式 都煮油一升式

면협상, 매 상

1행

4색채 4기, 매 기

산삼채 1기, 산삼 10냥

기타 3기는 수절(隨節)

2행

어육 4기, 매 기

중포 1조

말린 꿩 5각(脚)

문어 2조

홍합 1되

3행

건남 5기

어린 닭 3각

계란 8개

돼지머리, 4상을 합하여 3두(頭)

대회전복 1접

중전복 4꽂이

4행

전어육 5기, 매 기

돼지고기 10냥

돼지간 1/2부

전어중생선 1미

연계(軟鷄) 1수

해삼 10개

과격차저주지 14장,

고물간장 6홉, 녹두가루 2홉, 후추 2전, 마늘 3전, 소금 3홉, 겨자 2홉,
초 2홉, 도자유 1되

司饔院所掌移屬 內資寺次知
兩勅使及大通官一員六度宴磨鍊內四度設行茶禮果盤各一床每一床

軟藥果一器每器
上末三升式　汁淸幷一升二合式　油八合式
中全鰒折十五介式
乾雉二首式
乾大文魚折半条式
煎油魚中生鮮三尾式　油五合式
生梨十介式
實栢子五合式

實生栗五合式
乾正果五合式

味數行果各二床式每床
紅味子一器式
白味子一器式
上末各三升式　清汁清并各一升五合式　油各八合式　芝草二合式
中全鰒折各十五介式
乾雉折各二首式
乾文魚折各半条
生梨各十介式
實生栗各五合式
實胡桃各五合式
實栢子各五合式
乾正果各五合式

進饅頭一器式每器
上末七升五合式　生猪肉一斤式　蕈古一介式　實栢子一合式　實胡桃五分式　生芋二錢式
醋一合式　油一合式

初味
軟藥果一器式每床
上末五升式　清汁清并一升五合式　油一升式
生梨十介式
水正果一器式　清二合式

二味
山參餠一器式每器
實山參一斤半式　粘米五升式　清九合式　油九合式　追清三合式
山參菜一器式每器
實山參三兩式　芥子五夕式　實栢子一升式
水正果一器式　清二合式

사옹원 담당을 다른 관청으로 옮김. 내자시가 담당함

양칙사 및 대통관 1원에게 6번의 연을 마련하지만 2번은 겸행하므로 4번 차릴 때 다례과반(茶禮果盤) 각각 1상씩 마련한다.

[다례과반]

매 상

연약과 1기, 매 기

밀가루 3되, 즙청 합하여 1되 2홉, 기름 8홉

중전복절, 중전복 15개

말린 꿩, 말린 꿩 2수

말린 대문어절, 말린 대문어 1/2조

전유어 중생선

중생선 3미, 기름 5홉

배, 배 10개

잣, 잣 5홉

밤, 밤 5홉

건정과, 건정과 5홉

[미수행과]

각각 2상을 마련한다. 매 상

홍미자 1기

밀가루 3되, 꿀과 즙청을 합하여 1되 5홉, 기름 8홉, 지초 2홉

백미자 1기

밀가루 3되, 꿀과 즙청을 합하여 1되 5홉, 기름 8홉

중전복절 각 15개씩

건치절 각 2마리씩

건문어절 각 1/2조씩

배 각 10개씩

밤 각 5홉씩

호두 각 5홉씩
잣 각 5홉씩
건정과 각 5홉씩

[진만두]
1기, 매 기
밀가루 7되 5홉, 돼지고기 1근, 표고버섯 1개, 잣 1홉, 호두 5푼, 생우 2전, 초 1홉, 기름 1홉

[초미]
연약과 1기, 매 상
밀가루 5되, 꿀과 즙청을 합하여 1되 5홉, 기름 1되
배 10개
수정과 1기, 꿀 2홉

[이미]
산삼병 1기, 매 기
실산삼 1 1/2근, 찹쌀 5회, 꿀 9홉, 기름 9홉, 추청 3홉
산삼채 1기, 매 기
실산삼 3냥, 겨자 5작, 잣 1되
수정과 1기, 꿀 2홉

三味
杏仁果一器式每器
上末五升式 清汁清并一升五合式 油一升式 實生栗一升式
水正果一器式 清二合式

四味
松古餠一器式每器
粘米五升式 熟松古一斤半式 清九合式 油八合式 追清三合式
山參菜一器式
實山參三兩式 芥子五夕式
大召一器式每器 大召一升式
水正果一器式 清二合式

五味
軟雲氷一器式每器
上末五升式 清汁清并一升式 油八合式
實榛子一升式
水正果一器式 清二合式
果隔次白紙一卷十丈 取油休紙一卷十丈 雪綿子三兩

[삼미]

행인과 1기, 매 기

밀가루 5되, 꿀과 즙청 합하여 1되 5홉, 기름 1되

밤 1기, 실생율 1되

수정과 1기, 꿀 2홉

[사미]

송고병 1기, 매 기

찹쌀 5되, 숙송기 1 1/2근, 꿀 9홉, 기름 8홉, 추청 3홉

산삼채 1기

실산삼 3냥, 개자 5작

대추 1기, 대추 1되

수정과 1기, 꿀 2홉

[오미]

연운빙 1기, 매 기

밀가루 5되, 꿀과 즙청을 합하여 1되, 기름 8홉

개암 1기, 개암 1되

수정과 1기, 꿀 2홉

과격차 백지 1권 10장, 취유휴지[80] 1권 10장, 솜 3냥

兩勅使及大通官一員等上下馬宴二度四床所入床花及翌日宴三床回禮宴三床別宴三床郊外餞宴三床等同床花四床所入等合八床雜物磨鍊通用

上下馬宴四床所入已上

大花十朶式四十朶

中花十三朶式五十二朶次

中花八朶式三十二朶

香花草虫六朶式二十四朶

已上合一百四十八朶造作所入

多紅次草注紙三卷十張式 黃染次草注紙十張式 鴉青次草注紙二張式

玉色次草注紙一卷式 草綠次草注紙六張式 粉紅次草注紙四張式

已上草注紙五卷十二張

絲紙次楮注紙十張式二卷 擣錬楮注紙一張式四張

生苧三兩五錢式 黃蜜十兩式 松脂七兩式

多紅眞絲一錢式 粉紅眞絲一里式 鴉青眞絲一里式 柳青眞絲一錢式

覆巾次十升紅苧布十尺式 草綠眞絲一錢式

分給次草綠眞絲七錢式 雪綿子三錢式 家猪毛七百介式

貼銀一束二貼八張 貼金一貼六張式 同黃五錢二分式

朱紅五錢式 銅祿一兩式

細銅絲一百三十尺式 丁香四十介式代黃蜜一兩式

白米一升八合式 眞末一升八合式 眞油一合式 阿膠一兩五錢式

海長竹七介式 炭三斗式 燒木一丹式

休紙八兩式 木花英大中小幷一百二十四介 香花童子六介式 太一升八合式

양 칙사 및 대통관 1원 등 상마연과 하마연 2번 합하여 4상에 들어가는 상화, 익일연 3상, 회례연 3상, 별연 3상, 교외전연 3상 등 모두 4번에 들어가는 상화를 합하여 8상에 들어가는 잡물은 일반에서 두루 쓰이는 것으로 마련한다.

상마연 2상과 하마연 2상에 소입되는 것
대화(大花) 10타씩 40타
중화(中花) 13타씩 52타
중화(中花) 8타씩 52타
향화초충(香花草虫)[81] 6타씩 24타, 이상 합하여 148타를 만드는 데 들어가는 것
다홍감 초주지 3권 10장, 황염감 초주지 10장, 아청감 초주지 2장,
옥색감 초주지 1권, 초록감 초주지 6장, 분홍감 초주지 4장,
이상 초주지 5권 12장
사지감 저주지 10장씩 2권, 도련저주지[82] 1장씩 4장
생모시 3냥 5전, 황밀 10냥, 송진 7냥
다홍진사[83] 1전, 분홍진사 1리, 아청진사 1리, 유청진사 1전,
복건[84] 감으로 10새의 홍색 모시 10자와 초록진사 1전,
분급[85]감으로 초록진사 7전과 흰솜 3전, 집돼지털 700개,
은박 1다발 2접 8장, 금박 1접 6장, 동황[86] 5전 2푼, 주홍 5전, 동록[87] 1냥
세동사[88] 130자, 정향 40개 대신에 황밀 1냥, 백미 1되 8홉, 밀가루 1되 8홉, 참기름 1홉,
아교 1냥 5전, 해장죽[89] 7개, 탄 3말, 소목 1단,
휴지 8냥, 목화영[90] 대 · 중 · 소 합하여 124개, 향화동자[91] 6개,
대두 1되 8홉

翌日宴等四床所入每床造作
大花五朶式二十朶　中花四朶式十六朶　次中花五朶式二十朶
香花草虫六朶式二十四朶
已上合八十朶造作所入
多紅次草注紙六張半式　黃染次草注紙一張半式　玉色次草注紙二張半式
鴉青次草注紙半張式　草綠次草注紙一張半式　粉紅次草注紙半余式　已上草注紙二卷八張
擣錬楮注紙半張式　糸紙次楮注紙六張式
生苧六錢六分式　黃蜜五兩式　松脂三兩五錢式
鴉青眞糸一分一里式　多紅眞糸三分三里式　草綠眞糸三分三里式
粉紅眞糸一里式 柳靑眞三分式
覆巾次十升紅苧布六尺式　草綠眞糸一錢六分一里式
家猪毛四百五十介式　貼金一 貼式　貼銀六貼四張式
同綠三兩一錢五分式　同黃二錢二分式　朱紅三錢式
細銅糸八十尺式　丁香二十八介式代黃蜜以造雪綿子三錢式
白米八合式　真末八合式 太八合式　阿膠七錢五分式
海長竹三介式　炭二斗六升式　燒木半丹式
休紙三兩二錢式　木花英大中小并十四介式　香花童子六介式
黃灰木二束　槐花一升　芝草七合　中竹二介　黃草一同

익일연 등 4상에 소입, 매 상
대화 5타씩 20타
중화 4타씩 16타
중화 5타씩 20타
향화초충(香花草虫) 6타씩 24타,
이상 합하여 80타를 만드는 데 들어가는 것
다홍감 초주지 6 1/2장, 황염감 초주지 1 1/2장, 옥색감 초주지 2 1/2장,
아청감 초주지 1/2장, 초록감 초주지 1 1/2장, 분홍감 초주지 1/2장,
이상 초주지 2권 8장
도련저주지 1/2장, 사지감저주지 6장
생모시 6전 6푼, 황밀 5냥, 송진 3냥 5전,
아청진사 1푼 1리, 다홍진사 3푼 3리, 초록진사 3푼 3리, 분홍진사 1리,

유청진사 3푼

복건감으로 10새의 홍색 모시 6자, 초록진사 1전 6푼 1리, 집돼지털 450개, 금박 1접, 은박 6접 4장, 동록 3냥 1전 5푼, 동황 2전 2푼, 주홍 3전

세동사 80자, 정향 28개 대신에 황밀로 만듦, 흰 솜 3전, 백미 8홉, 밀가루 8홉, 대두 8홉, 아교 7전 5푼, 해장죽 3개, 탄 26되, 소목 1/2단

휴지 3냥 2전, 목화영 대 · 중 · 소 합하여 14개, 향화동자 6개, 황회목[92] 2다발, 괴화[93] 1되, 지초 7홉, 중죽[94] 2개, 황초[95] 1동(同)

熟手 邊首尹明吉 金戊辰 申水永 張立 尹鶴 成汗伊 金允男 高男
花匠 金民 曺永吉 元得男
助役軍 二名 守直軍 二名 各司奴婢六名 使喚募軍四名
分司饔院熟手 張守
床花匠婢愛丹

숙수변수(숙수대장) : 윤명길, 김무진, 신수영, 장립, 윤학, 성한이, 김윤남, 고남
화장[96] : 김민, 조영길, 원득남
조역꾼[97] 2명, 수직군 2명, 각사의 노비 6명, 사환모꾼[98] 4명,
분사옹원[99] 숙수 장수,
상화장노비 애단

分內贍寺所掌
頭目九人對客二員六度宴及 便殿

小朴桂一器式每器
上末一升式　造清五合二夕五里式　油一合五夕式
白散子一器每器
中末一升五合式　油七夕五里式　乾飯三合七夕五里式　煮油七夕五里式
黑湯五合四里式
紅散子一器每器
中末一升五合式　油七夕五里式　乾飯三合七夕五里式　煮油七夕五里式
芝草二錢二分式　沙粉末三夕式　出油二夕三里式　黑湯五合四里式
皮栢子二合九夕式
皮榛子二合九夕式
大召二合九夕式
乾柿子八介式
灰中全鰒二串半式
鷄兒四人并一首式
鷄卵三介式
菜隨節
水芹則一握菁根則五介　清醬七夕式　油一夕式　塩一夕式　醋六里式

對客每床
小朴桂一器式每器
上末六升式　太末一升式　造清三合式　油二合式
面果皮栢子二合式
菜上同

분내섬시 담당
두목 9인과 대객 2원의 6번 연회 및 편전

[두목상], 매 상
소박계 1기
밀가루[上末] 1되, 조청 5홉 2작 5리, 기름 1홉 5작

백산자 1기

밀가루[中末] 1되 5홉, 기름 7작 5리, 건반 3홉 7작 5리, 자유 7작 5리, 흑탕 5홉 4리

홍산자 1기

밀가루(中末) 1되 5홉, 기름 7작 5리, 건반 3홉 7작 5리, 자유 7작 5리, 지초 2전 2푼, 사분가루 3작, 출유 2작 3리, 흑탕 5홉 4리,

껍질 붙어 있는 잣 1기, 껍질 붙어 있는 잣 2홉 9잣

껍질 붙어 있는 개암 1기, 껍질 붙어 있는 개암 2홉 9작

대추 1기, 대추 2홉 9작

건시 1기, 건시 8개

회중전복 1기, 회중전복 2 1/2꽂이

어린 닭, 4인 합하여 1수

계란 1기, 계란 3개

채수절 1기

미나리 1주먹, 무 5개, 청장 7작, 기름 1작, 소금 1작, 초 6리

[대객상], 매 상

소박계 1기

밀가루[上末] 6되, 콩가루 1되, 조청 3홉, 기름 2홉

면과 1기, 면과 2홉

껍질 붙어 있는 잣 1기, 껍질 붙어 있는 잣 2홉

채수절 1기

미나리 1주먹, 무 5개, 청장 7작, 기름 1작, 소금 1작, 초 6리

司饔院所掌移屬内贍寺次知
兩勅使大通官味數炙

初味
生雉炙一器式每器
生雉一首式

二味
猪肉炙三器并
猪脚二隻式

三味
猪肉雪阿覔三器并
猪脚二隻式

四味
生鮮炙每器
中生鮮二尾式

五味
唐猪雪阿覔三器并
猪脚二隻式

都煮肆升五合　　塩四升五合　　絲紙三色紙各一張
各様器皿雜物則依前例各該司取用後還下

사옹원 담당을 다른 관청으로 옮김. 내섬시가 담당함
[양 칙사와 대통관 미수적]

[초미]
생치적 1기, 매 기 생치 1마리

[이미]

저육적 3기 합하여 돼지다리 2척(隻)

[삼미]

저육설아멱 3기 합하여 돼지다리 2척

[사미]

생선적 1기, 매 기 중생선 2미

[오미]

당저설아멱 3기 합하여 돼지다리 2척

도자유 4되 5홉, 소금 4되 5홉, 사지삼색지 각 1장
다양한 그릇과 접물은 전례에 의거하여 각 해당되는 관청에서 가져다 쓴 후 돌려 준다.

茶匠所用
小麥五升　清蜜三升　雀舌五兩
大召一升五合　實栢子一升五合　大沙用一坐
中沙用一坐　茶匙五介　耳鐥一介　茶甫兒五介
白瓶二介　磁碗二介　白苧布五尺　白正布五尺
熟手 李春玉　朴㐐春　朴莫金　金金　李成立 朱賢伊　松赤　韓一男　金二春 朴全作　金儉同
茶匠 金永男
助役各司奴子三名
本寺使喚募軍二名 各司奴婢五名

다장(茶匠)에 소용되는 것
밀 5되, 꿀 3되, 작설 5냥, 대추 1되 5홉, 잣 1되 5홉, 대새옹[100] 1좌(그림 1), 중새옹 1좌, 찻숟가락[茶匙] 5개, 귀선[101] 1개(그림 2), 다보아[102] 5개, 백병 2개(그림 3 · 4), 자기사발[磁碗] 2개, 흰 모시 5자, 흰 삼베 5자

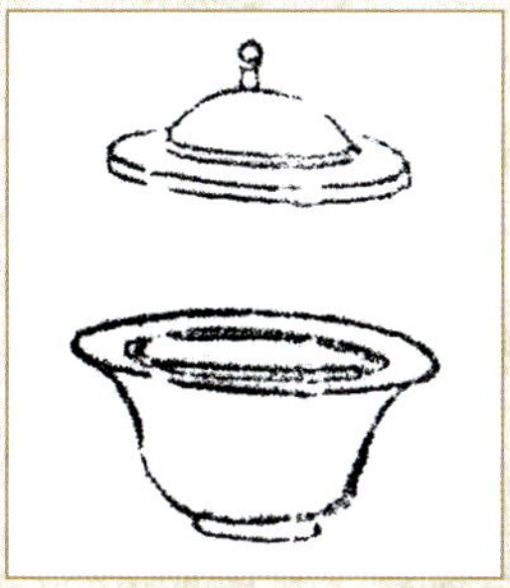

그림 1 뚜껑 갖춘 대새옹(大沙用)

그림 2 귀선(耳鐥)

그림 3 병(甁)

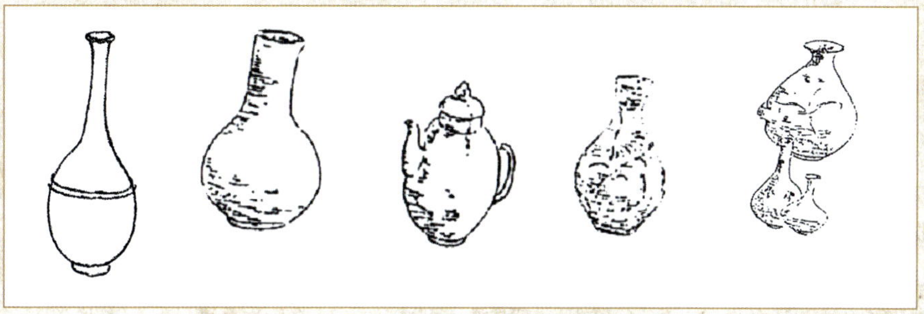

그림 4 각종 병

[숙수]

이춘옥, 박춘, 박막금, 김금, 이성립, 주현이, 송적, 한일남, 김이춘, 박전작, 김검동

다장 : 김영남

조역(조수) 각사 비자 3명

내섬시 사환모군 2명

각사 노비 5명

禮賓寺所掌
兩勅使大通官別茶啖六度每一床所入

小藥果一器式每器
上末四升式　清四合式　造淸六合式　油四合式　黑湯一合式
大小蓼花　小童桂　雪丁果　軟沙果　蜂蝶果　茶食　雜藥果
地方果各一器式每器　上末五升式　清五合式　造清七合五夕式　油一升五合式　粘米末二合五夕式　沙粉米一合五夕式　大乾飯三合式
細乾飯一合五夕式　黑湯一升五合式　芝草二合式　實荏子二合式
切肉各一器式每器
大口魚半尾式　中全鰒五介式　大文魚一条半式　片脯半条式
鳳大全鰒一介式　烏賊魚一尾式
一器紅蛤炒五合式　醋一合式　艮醬一合式　油二夕式　生芋一錢式
一器猪肉十兩式　椒椒二分式　葱二本式
一器鷄卵八介式
一器細實果
一器乾正果
一器水正果　清二合式　實栢子二夕式
一器熟全鰒十五介式
進塩水一器
生雉半首式　醢水二合式

예빈시 담당
양 칙사와 대통관의 6번 별다담, 매 상 소입

[별다담]
소약과 1기
밀가루 4되, 꿀 4홉, 조청 6홉, 기름 4홉, 흑탕 1홉
대요화 1기
밀가루 5되, 꿀 5홉, 조청 7홉 5작, 기름 1되 5홉, 찹쌀가루 2홉 5작,
사분미 1홉 5작, 대건반 3홉, 세건반 1홉 5작, 흑탕 1되 5홉, 지초 2홉,
깨 2홉

소요화 1기 · 소동계 1기 · 설정과 1기 · 연사과 1기 · 봉접과 1기 · 다식 1기 · 잡약과 1기 · 지방과 1기의 재료 분량은 대요화와 같다.

절육 1기

대구어 1/2미, 중전복 5개, 대문어 1 1/2조, 편포 1/2조, 봉대전복 1개, 오징어 1미

홍합초 1기

홍합 5홉, 초 1홉, 간장 1홉, 기름 2작, 생우 1전

저육 1기

돼지고기 10냥, 후추 2푼, 파 2뿌리

계란 1기, 계란 8개

세실과 1기

건정과 1기

수정과 1기

꿀 2홉, 잣 2작

숙전복 1기, 전복 15개

진염수 1기

생치 1/2수, 젓액 2홉

初味

細麵

菉豆末一升式　五味子水五味子三合式　清蜜二合式

炙猪肉一斤式　塩四夕式　油二夕式

別湯水瓜制湯

生雉半半首式　生鮮半半尾式　油二夕式　沈瓜二介式　醢水一合五夕式

生芋一錢式

二味

猪肉甫只

猪肉十二兩　艮醬八夕式　塩四夕式　葱一本式　胡椒二夕式　炙生鮮半尾式

塩四夕式　油二夕式

別湯水鷄蒸一首式

三味

鷄湯一首式　菉豆末八夕式　胡椒二夕式　塩四夕式　葱一本式 鷄卵一介式

床花餠一器式每器

上末一斤十五兩七錢式　含兒猪肉一斤式　蔓菁根十介式

醋一合式　起酒一升五合式 胡椒一錢式　生芋五分式

猪肉醬泡十兩式　艮醬十合式　油三夕式　胡椒二分式　葱一本式

四味

點點果

海參炒十介式

五味

三魚湯

猪肉九兩式　艮醬二合式　生雉半半首式　油七夕式　醋五夕式 紅蛤炒一升式　生芋一錢式　油三夕式

[초미]

세면

녹두말 1되

오미자수, 오미자 3홉, 꿀 2홉

적저육

돼지고기 1근, 소금 4작, 기름 2작

별탕수과제탕

생치 1/4수, 생선 1/4미, 기름 2작, 침과 2개, 젓액 1홉 5작, 마늘 1전

[이미]

저육볶기

저육 12냥, 간장 8작, 소금 4작, 파 1뿌리, 후추 2작

적생선

생선 1/2미, 소금 4작, 기름 2작

별탕수계증

닭 1수

[삼미]

계탕

닭 1수, 녹두말 8작, 후추 2작, 소금 4작, 파 1뿌리, 계란 1개

상화병 1기

빌가루 1근 15냥 7전, 새끼 밴 돼지고기 1근, 무 10개, 초 1홉, 기주 1되 5홉, 후추 1전, 마늘 5푼

저육장포

돼지고기 10냥, 간장 10홉, 기름 3작, 후추 2푼, 파 1뿌리

[사미]

점점과

해삼초

해삼 10개

[오미]

삼어탕

돼지고기 9냥, 간장 2홉, 꿩 1/4수, 기름 7작, 초 5작

홍합초

홍합 1되, 마늘 1전, 기름 3작

宰臣宗宰三分四度設宴每一床

小汗果一器式每器
上末三升式　清一合一夕三里式　造清一合六夕八分七里式　黑湯二合二夕五分式　油三合式　汁黑湯二合一夕式
雲氷一器式每器
上末三升式　清三夕七分五里式　造清五夕六分二里式　黑湯七夕五分式　油三合式
床排實栢子三合式　榛子三合式 實胡桃三合式　大棗三合式　乾柹子二串式　乾南
灰中全鰒三串式
煎油魚中生鮮三分并一尾式
上末三合式　油三合式　猪肉六兩式
菜一器式隨節　都清醬五夕式

初味
細麵菉豆末四合式　五味子水次二合式　清一合式
沈菜一器式
炙生鮮三員并一尾式　油一合式　塩三夕式

二味
猪肉甫只九兩式　甘醬一合式　醋一夕式　塩三夕式　葱一本式　川椒三分式
炙鷄三分并三脚式　塩三夕式

三味
鷄湯三員并一首式　清一合式　油二夕式　塩二夕式
床花餠一器式每器
上末一升二合式　起酒一升式　塩三夕式　熟小豆六合式　清蜜一合式　猪肉醬泡六兩式　清醬二合式　油四夕式　葱一本式

四味
點點果

五味
魚湯
猪肉九兩式　生雉一肢式　菉豆末一合式　油五夕式　蔓菁根二介式　紅蛤五合式　生芋五分式　油二夕式

재신과 종재 3분에게 4번 설연, 매 상

[연상]
소한과 1기
밀가루 3되, 꿀 1홉 1작 3리, 조청 1홉 6작, 8푼 7리, 흑탕 2홉 2작 5푼, 기름 3홉, 즙흑탕 2홉 1작
운빙 1기
밀가루 3되, 꿀 3작 7푼 5리, 조청 5작 6푼 2리, 흑탕 7작 5푼, 기름 3홉
잣 1기, 잣 3홉
개암 1기, 개암 3홉
호두 1기, 호두 3홉
대추 1기, 대추 3홉
건시 1기, 건시 2꽂이
건남
회중전복 1기, 회중전복 3꽂이
전유어중생선

중생선 3분 합하여 1미, 밀가루 3홉, 기름 3홉, 돼지고기 6냥

채 1기, 수절도청장[103] 5작

[초미]

세면

녹두말 4홉

오미자수 1기, 오미자 2홉, 꿀 1홉

침채 1기

적생선 1기

생선 3분 합하여 1미, 기름 1홉, 소금 3작

[이미]

저육볶기 1기

돼지고기 9냥, 감장 1홉, 초 1작, 소금 3작, 파 1부리, 천초 3푼

적계

3분 합하여 닭 3각, 소금 3작

[삼미]

계탕

3분 합하여 닭 1수, 청장 1홉, 기름 1작, 소금 2작

상화병 1기

밀가루 1되 2홉, 기주 1되, 소금 3작, 익힌 팥 6홉, 꿀 1홉

저육장포

돼지고기 6냥, 청장 2홉, 기름 4작, 파 1뿌리

[사미]

점점과

[오미]

어탕

돼지고기 9냥, 꿩 1지(肢), 녹두말 1홉, 기름 5작, 무 2개, 홍합 5홉,
마늘 5푼, 기름 2작

司饔院所掌移属 禮賓寺次知
兩勅使大通官四度設宴味數所入每床

進塩水一器式每床　鴨子二首式雌鷄

初味
細麵　菉豆末一升五合式
紅蛤煮只二升式
沈菜一器式
二味
猪肉軟肉湯一脚式
猪肉醬泡一脚式

三味
生鮮於音湯中生鮮二尾式
全卜煮只二串式

四味
猪肉塩水一脚式
生雉煮只二首式

五味
鷄兒塩水二首式
熟全卜二串式　古物鷄卵三介式
艮醬三升式　油六合式　每宴所用

사옹원 담당을 다른 관청으로 옮김. 예빈시가 담당함
양 칙사와 대통관에게 4번 설연 미수 소입, 매 상

[진염수]
진염수 1기
오리 2수, 암탉

[초미]
세면, 녹두말 1되 5홉
홍합자기, 홍합 2되
침채 1기

[이미]
저육연육탕, 돼지고기 1각
저육장포, 돼지고기 1각

[삼미]
생선어음탕, 중생선 2미
전복자기, 전복 2꽂이

[사미]
저육염수, 돼지고기 1각
생치자기, 꿩 2수

[오미]
계아염수, 어린 닭 2수
숙전복
전복 2꽂이, 고물계란[104] 3개, 간장 3되, 기름 6홉
매회의 연에 소용됨

頭目九名對客二員四度設宴每一床

初味
細麵菉豆末四合式　沈菜一器式　清醬一合式
交吐鷄二十人并一首式　油一夕式　塩二夕式
炙猪三人并三斤式　油一夕式　塩二夕式

二味
猪肉甫只五兩式　甘醬二合式　塩三夕式　葱一本式
炙鷄二人并一首式　油一夕式　塩二夕式

三味
鷄湯三人并一首式　清醬一合式　油二夕式　塩二夕式
猪肉醬泡六兩式　清醬二合式　油一夕式　葱一本式

四味
灰小全卜一貼一串式　油二夕式　清醬一合式
兼煎餠代節果只設一二等
紅柿五介生梨五介式代節果

五味
點點果一二等則　生栗三合式紅柿三介生梨三介式
代他果
三等則生栗一合式

두목 9명과 대객 2원에게 4번 설연, 매 상

[초미]

세면, 녹두말 4홉

침채 1기

청장 1홉

교토계

20인 합하여 닭 1수, 기름 1작, 소금 2작

熟手 李天龍　張好良等十名
花匠 崔得雲　助役二名
細麵匠 福介　應節 愛伊
床花匠　石乙德　命還 論月
軍色募軍二名　各司奴婢五名

숙수 : 이천룡, 장로량 등 10명

화장 : 최득운, 조역 2명

세면장 : 복개, 응절, 애이

상화장 : 석을덕, 명환, 논월

군색모꾼 2명, 각사 노비 5명

司畜署所掌
勅使二員上下馬宴

小膳各牛乫非半隻式　羔一口式　鴨子二首式
大膳各牛脚一隻式　猪一口式　鴨子二首式

翌日宴餞宴
小膳各猪乫非一隻式　羔一口式　鴨子二首式
大膳各猪脚二隻式　猪一口式　鴨子二首式

大通官一員四度宴各
猪脚二隻式　鷄兒二首式　熟猪肉十斤式

頭目大肉一等每床
熟猪肉三斤式　熟鷄一首式

三等及對客官每床
熟猪肉三斤式　熟鷄半首式

去毛匠李莫山　甫音金 春山 金卜 金伊 吳乭同 内卩世 春同億 金開千 張乭世

사축서 담당

칙사 2원, 상마연과 하마연에서

[소선]

소갈비 각각 1/2척, 양 1구, 오리 2수

[대선]

소다리 각각 1척, 돼지 1구, 오리 2수

익일연 · 전연에서

[소선]

돼지갈비 각각 1척, 양 1구, 오리 2수

[대선]

돼지다리 각각 2척, 돼지 1구, 오리 2수

대통관 1원 4번 설연에서

돼지다리 각각 2척, 어린 닭 2수, 익힌 돼지고기 10근

두목대육(大肉), 1등두목에게 매 상

익힌 돼지고기 3근, 익힌 닭 1수

3등두목과 대객관에게, 매 상

익힌 돼지고기 3근, 익힌 닭 1/2수

거모장 : 이막산, 보음금, 춘산, 금복, 김이, 오말동, 내절세, 춘동억, 김개천, 장말세

郎廳 中訓大夫 行户曹佐郎 臣 朴
郎廳 通訓大夫 行軍器寺判官 臣 安
郎廳 通訓大夫 行司僕寺僉正 臣 成
都廳 禦侮將軍 行龍驤衛司果 臣 李
都廳 通訓大夫 軍器寺正 臣 趙
館伴 資憲大夫 吏曹判書 兼 同知春秋館事 臣 李
提調 正憲大夫 户曹判書 臣 李

낭청, 충훈대부 행호조좌랑, 박

낭청, 통훈대부 행군기시판관, 안

낭청, 통훈대부 행사복시첨정, 성

도청, 어모장군 행용양위사과, 이

도청, 통훈대부 군기시정, 조

관반, 자헌대부 이조판서 겸 동지춘추관사, 이

제조, 정헌대부 호조판서, 이

2. 迎接都監雜物色儀軌(1643)

崇德八年癸未九月 日雜物色儀軌
勅使 一博氏
二博氏
一等頭目一人 李譯
二等頭目二人
三等頭目三人
九月初三日入京初十日回程

郎廳漢城府判官 韓有良
差備譯官 李東馣
書吏 朴義敬
趙擎天
朴得雲
庫直 張承吉
都使令 李良等 三名
假使令一名
守直軍士二名

숭덕 8년 계미 9월 일 잡물색의궤

칙사 1, 박씨

칙사 2, 박씨

1등두목 1인, 이역(李礽石)[110]

2등두목 2인

3등두목 3인

9월 3일 경성에 들어와 9월 10일 돌아감

낭청 한성부판관, 한유량

차비역관, 이동암

서리, 박의경

서리, 조경천
서리, 박득운
고직, 장승길
도사령, 이양 등 3명
가사령, 1명
수직군사, 2명

九月初三日 稟目
今此博氏之行出其不意事已急遽故本色茶啖飯俸所入之物磨鍊後擧行則勢必有未及之患爲乎等以一二日所用油清眞末等物各該司良中姑先取用俾免臨時窘迫之患何如
手決內依

同日 稟目
當此博氏支待油淸真末等各色雜物磨鍊捧手決後則事必生事極爲悶迫一邊各司遺在以捧上用下爲乎旀一邊磨鍊之意稟提調
手決內依

九月初五日 稟目
今日早飯床兩博氏前入給則不捧還出矣所排藥果則留置以待後日之用各色實果則已爲還下爲有在果其中已熟設三色餠及味數何如爲之稟
提調分付內依餠及味數區處

九月初三日司饔院了
爲相考急急定送事
今此博氏之行當日入京兩廚房使喚飯監卽刻內急急定送俾無未及生事之患向事

同日司饔院了
爲急急輸送事
今此博氏接待各處所用磁白器卽刻內急急輸送俾無未及生事之患向事

9월 3일, 상관에게 여쭙는 글

이번 박씨 일행의 출현은 뜻밖의 급작스러운 일입니다. 잡물색이 다담반(茶啖飯) 지급 비용에 들어가는 잡물을 마련한 다음 거행하고자 하나 형세는 반드시 염려스러운 미진한 점이 있을 것입니다. 하루 이틀 필요한 참기름 · 꿀 · 밀가루 등의 잡물은 각각 해당되는 관청에서 우선 가져다 쓰게 하여 때를 당하여 몹시 군색한 염려를 면하게 하는 것이 어떠합니까.

수결은 여쭙는 대로 하였다.

같은 날, 상관에게 여쭙는 글

이번 박씨 일행을 맞아 관에서 이바지하는 참기름 · 꿀 · 밀가루 등의 여러 잡물은 수결 후에 마련하여 올리고자 하나 일이 반드시 사단을 일으킬 만큼 극히 절박합니다. 한편에서는 각 관청에 남아 있는 것으로 쓰도록 내어주어 올리게 하고, 한편으로는 마련할 뜻을 여쭙니다.

제조가 수결은 여쭙는 대로 하였다.

9월 5일, 상관에게 여쭙는 글

오늘 조반상(早飯床)[111]을 양 박씨 앞에 들였습니다만 받들지 못하고 내보냈습니다. 상에 차린 약과는 남겨두고 뒷날 사용하며, 각색실과는 이미 돌려보냈습니다. 그중 익혀서 차린 삼색병과 미수를 어떻게 할지 여쭙니다.

제조가 떡과 미수는 변동하여 처리할 것을 분부하였다.

9월 3일 사옹원에

서로 비교하여 고찰해서 시급하게 정해 보낼 것

이번 박씨 일행이 경성에 들어온 바로 그날, 양쪽 주방[112]의 사환[113]과 반감[114]을 즉시 시급히 보내지 않으면 사단이 날 우환이 있음. 사단이 날 우환을 없게 할 것

같은 날 사옹원에

시급하게 수송할 일

이번 박씨 접대에 각처에서 필요한 백자기를 즉시 시급히 수송하지 않으면 사단이 날 우환이 있음. 사단이 날 우환을 없게 할 것

同日甘結

今此博氏當日入京凡擧行各該司依前例擧行爲旀謄錄付事事出急遽故未及磨鍊以草甘結知委爲去乎依謄錄擧行各司當刻內急急擧行定送事 刑曹 軍色書吏 吏曹 尙衣院 掌樂院 奉常寺 內工曹 典設司 別工作 修理所 五部 其人有司 司宰監 漢城府 司譯院 掌苑署 長興庫 禮賓寺 內資寺 內贍寺 義盈庫

各色掌 二名各司奴七名 刑曹定送
飯監二人 司饔院定送
熟手全應善等五名廚房熟手三名
餠匠床花餠匠粥匠各一名 奉常寺定送
細麵匠六月等二名
床花餠母
餠母春伊
使喚軍士十名 自軍色定送
本色使喚飯監二人各色掌二名進止樂生四人廚房熟手三名造果熟手五名待令熟手一名床花餠匠二名造餠匠二名細麵匠二名粥匠一名等給料事

같은 날 도감에서 하급관아에게 보낸 공문

이번 박씨가 경성에 들어온 그날, 각 해당되는 관청이 거행해야 하는 일은 전례에 의하여 한다. 등록에 첨부된 하나하나의 일을 급히 서둘러 일일이 들어내야 하지만 마련하지 못하고 있다. 초기로 공문을 보내 명령을 내려 알리니 등록에 의거하여 각 해당되는 관청은 당장 즉시 거행할 일을 정하여 보낼 것. 형조 · 군색서리 · 이조 · 상의원 · 장악원 · 봉상시 · 내공조 · 전설사 · 별공작 · 수리소 · 오부 · 기인유사 · 사재감 · 한성부 · 사역원 · 장원서 · 장흥고 · 예빈시 · 내자시 · 내섬시 · 의영고가 이에 해당됨

각색장[115] 2명과 각사 노비 7명은 형조에서 정해 보낼 것
반감 2인은 사옹원에서 정해 보낼 것
숙수 김응선 등 5명과 주방숙수[116] 3명
병장[117] · 상화병장[118] · 죽장[119] 각 1명은 봉상시에서 정해 보낼 것
세면장[120] 유월 등 2명
상화병모[121]
병모[122] 춘이

사환군사 10명은 군색에서 정해 보낼 것
본색(잡물색)의 사환 · 반감 2인, 각색장 2명, 진지악생[123] 4인, 주방숙수 3명, 조과숙수[124] 5명, 대령숙수[125] 1명, 상화병장 2명, 조병장(造餠匠) 2명, 세면장 2명, 죽장 1명 등은 급료를 줄 것

同日 稟目
今此博氏茶啖時所用盤排以黑柒取用爲乎喩以白骨取用爲乎喩商量分付何如
館伴手決内姑以黑盤取用

九月初十日 稟目
昨日遣承旨兩博氏勸肉後今日早飯以肉饌床排入給則不捧饌物何以爲之爲乎喩何如
提調手決内留置改色以待新 勅使用下事 各司捧甘
兩博氏每日各三時飯俸所入素膳
片豆泡六片式
生蒜四十五本式
石茸二升式
多士亇十二條式
土卵一升五合式
甘醤二升式
甘藿六立式
眞末一升五合式
生薑九両式
艮醤四升式
塩二升式
瓜醤菹三介式
菁根醤菹三介式
沈菜一沙鉢
醋一升式
生葱九十本式
胡椒三錢式

眞油二升式
沈瓜三介式
菁根十五本式
淸蜜一升五合式
藁古一升五合式
黃角一升五合式
軟豆泡十二塊式
眞茸十五介式
海衣一張半式
實栢子三合式
靑泡十五塊式

같은 날, 상관에게 여쭙는 글

이번에 박씨에게 올릴 다담(茶啖) 때 쓰이는 반(상)은 흑칠로 가져다 쓰고자 합니다. 칠하지 않은 것을 가져다 사용하고자 하니 적당한 양을 분부하는 것이 어떠하겠습니까.

관반이 흑칠반을 잠깐 동안 가져다 쓰도록 수결하였다.

9월 10일, 상관에게 여쭙는 글

어제 양 박씨에게 승지를 보내 권육(勸肉)[126]한 이후라 오늘 조반(早飯)으로 고기반찬상[肉饌床]을 차려 들였습니다만 받들지 못했습니다. 찬물을 어떻게 하올지 여쭙니다.

제조가 그대로 두라고 수결하였다. 같은 종류의 식품 중에서 마음에 드는 것으로 바꾸는데, 칙사에게 비용을 대 주어 새로운 것으로 대령하도록 각 관청은 감결(공문)을 받들라 하였다.

양 박씨에게 각각 매일 삼시반(三時飯)[127] 제공에 들어가는 소선(素膳)[128]

편두부 6편,
마늘 45뿌리,
석이버섯 2되,
다시마 12조,
토란 1되 5홉,
감장 2되,

감곽(미역) 6립,
밀가루 1되 5홉,
생강 9냥,
간장 4되,
소금 2되,
과장저(瓜醬菹)[129] 3개,
무장저 3개,
침채 1사발,
초 1되,
파 90뿌리,
후추 3전,
참기름 2되,
침과(沈瓜) 3개,
무 15뿌리,
꿀 1되 5홉,
표고버섯 1되 5홉,
황각 1되 5홉,
연두부 12덩어리,
참버섯 15개,
김 1 1/2장,
잣 3홉,
청포묵 15덩어리

別求請
冬花二式
水芹三丹式
茄子沈菜三介式
白菜三丹式
白菜沈菜一沙鉢式
蔓青根十本

雨博氏一處茶啖所用每床每貼是
藥果方味子並
眞末四升八合式 淸蜜一升四合式 淸酒二合式 真油九合式
雜果一貼是所入
眞末八合式 淸蜜二合八夕式 真油三合二夕式
水正果一甫兒式
淸蜜一合式 實栢子二夕式
各色細實果合盛一器所入
實榛子二合式 實胡挑二合式 實銀杏二合式
薏苡粥一甫兒式所入
淸蜜二合式 菜一器式
乾正果一器式所入
獼猴萄正果七合式
生實果
實生栗一升式 大棗一升式 紅柹七介式 生梨五介式
各色切肉每貼是所入
多士亇五條式 海衣一張式 真茸十角式 片豆泡三片式
甫只次
片豆泡一片半式

味數所入
生葱十本式 眞末一升式 眞油二升式 蔈古五合式 胡桃四錢式艮醬二升式
實栢子一合式 生鮮卵交代片豆泡二片式
熟片次片豆泡三片式
糆次菉豆末一升式
沈菜一器式
豬肉将方代軟豆泡三塊式 醋五合式 生薑五錢式

특별히 청구한 것

동아[130] 2개,

미나리 3단,

가지침채 3개,

배추 3단,

배추침채 1사발,

순무 10뿌리

양 박씨 한 곳의 다담(茶啖), 매 상과 매 접시에 소용되는 물품

[다담]

약과와 방미자를 합하여

밀가루 4되 8홉, 꿀 1되 4홉, 청주 2홉, 참기름 9홉

잡과 1접시

밀가루 8홉, 꿀 2홉 8작, 참기름 3홉 2작

수정과 1보아[131]

꿀 1홉, 잣 3작

각색세실과를 합해 담아서 1기, 개암 2홉 · 호두 2홉 · 은행 2홉

의이죽 1보아, 꿀 2홉

채 1기

건정과 1기, 미후도정과 /홉

생실과, 밤 1되 · 대추 1되 · 홍시 7개 · 배 5개

각색절육 매 접시

다시마 5조(條) · 김 1장 · 참버섯 10각(角)

편두부 3편(片)

볶기 감, 편두부 1 1/2편

[미수 소입]

파 10뿌리, 밀가루 1되, 참기름 2되, 표고버섯 5홉, 호두 4전, 간장 2되,

잣 1홉, 생선알을 편두부 2편으로 교체함

숙편 감, 편두부 3편

세면 감, 녹두말 1되,

침채 1기,

저육장방 대신 연두부 3덩어리, 초 5홉, 생강 5전

一二等頭目三人
切肉每貼是代 多士ㄒ 一條式 海衣半半張式
實栢子五夕式
實榛子五夕式
實胡桃五夕式
實生栗五夕式
生梨二介式
紅柹五介式
大棗五夕式

菉豆末五合式
熟片次片豆泡一片式
甫只次軟豆泡一塊式
鷄炙代多士ㄒ一條式 淸醬二合式 醋一夕
菜一器式 鹽一夕式

三等頭目三人每床所入
切肉每貼是代
多士ㄒ一條式
海衣半半立式
皮栢子五夕式
皮榛子五夕式
皮栗五夕式
生大棗五夕式
紅柹三介式
菉豆末五夕式 淸醬二合式
卜只次軟豆泡一塊式 淸醬二合式 醋一夕式 胡椒一分式
菜一器式 鹽一夕式

二三等頭目六名每床所入
地方果二立式所入
眞末二合式 太末六合式 眞油三夕二里式 黑湯 二夕式
蜂蝶果一立式所立
眞末五夕二里式 太末二夕六里式 黑湯一夕式 眞油一夕五里式
常藥果一立式所入
眞末一合式 造淸二夕式 淸酒二里式 眞油一夕式
銀丁果一立式所入
眞末三夕九里式 造淸一夕三里式
犀角果一立式所入
眞末三夕九里式 眞油三夕式 造淸一夕三里式
常方味子四介式所入
眞末一夕式眞油五里式 造淸一里式
茶食一立式所入
眞末七夕式 造淸二夕式 眞油一里式

1등두목과 2등두목 3인에게 제공하는 것
절육 매 접시 대신 다시마 1조, 김 1/4장
잣 5작,
개암 5작,
호두 5작,
밤 5작,
배 2개,
홍시 5개,
대추 5작
세면 감, 녹두녹말 5홉
숙편 감, 편두부 1편
볶기 감, 연두부 1덩어리
계적 대신 다시마 1조, 청장 2홉, 초 1작
채 1기, 소금 1작
3등두목 3인에게 제공하는 매 상 소입
절육 매 접시 대신 다시마 1조, 김 1/4립

껍질 붙어 있는 잣 5작
껍질 붙어 있는 개암 5작
껍질 붙어 있는 밤 5작
대추 5작
홍시 3개
세면감 녹두말 5작, 청장 2홉
볶기감
연두부 1덩어리, 청장 2홉, 초 1작, 후추 1푼
채 1기, 소금 1작

2등두목과 3등두목 6명에게 제공하는 매상 소입
지방과 2립에 들어가는 재료
밀가루 2홉, 콩가루 6홉, 참기름 3작 2리, 흑탕 2작
봉접과 1립에 들어가는 재료
밀가루 5작 2리, 콩가루 2작 6리, 흑탕 1작, 참기름 1작 5리
상약과 1립에 들어가는 재료
밀가루 1홉, 조청 2작, 청주 2리, 참기름 1작
은정과 1립에 들어가는 재료
밀가루 3작 9리, 조청 1작 3리
서각과 1립에 들어가는 재료
밀가루 3작 9리, 참기름 3작, 조청 1작 3리
상방미자 4개에 들어가는 재료
밀가루 1작, 참기름 5리, 조청 1리
다식 1립에 들어가는 재료
밀가루 7작, 조청 2작, 참기름 1리

博氏二員留館時早飯每床所入
藥果每貼是方味子并
員末四升八合式 員油六合式 合眞油三合式 清蜜一升四合式 清酒二合 式
雜果每貼是所入
員末八合式 清蜜二合八夕式 員油三合二夕式
片蒸次多士亇三條式 古物次實栢子三夕式
麵次菉豆末一升式 沈菜一器式
薏苡一甫兒式 清蜜二合式
熟片次片豆泡一片半式 藁古二合式
於音次軟豆泡三塊式
乾正果七合式
生大棗一升式
實生栗一升式
紅柿七介式
生梨五升式
西瓜一介式

味數所入
艮醬二升式 藁古五合式 生薑一肉式 胡椒二錢式 眞油一升式 醋五合式 鹽五合式
左肝南
石茸三升式 實栢子一合式 雜頭蹄次片豆泡一片式 生葱十本式
右肝南
煎片次片豆泡一片式
床花餠每貼是所入
眞末五升式 眞油二合式 起酒米一升式 青根二十本式 實栢子五夕式
生薑五錢式 石茸二合式 胡椒一錢式 鹽一合式 艮醬二合式 軟豆泡三塊式
其火三升式
山參餠每貼是所入
實山蔘二斤式 粘米末二升式 清蜜二合三夕三里式 眞油一升式 實栢子一合式
菉豆餠每貼是所入
實菉豆一升五合式 眞油七合式

박씨 2원이 모화관에 머물 때 들이는 조반상 매 상 소입

[조반상 소입]

약과와 방미자를 합하여 매 접시

밀가루 4리 8홉, 참기름 6홉, 합진유(合眞油) 3홉, 꿀 1되 4홉, 청주 2홉

잡과 매 접시

밀가루 8홉, 꿀 2홉 8작, 참기름 3홉 2작

편증감

다시마 3조, 고물 감으로 잣 3작

세면 감

녹두말 1되, 침채 1기

의이죽 1보아, 꿀 2홉

숙편 감

편두부 1 1/2편, 표고버섯 2홉

어음 감

연두부 3덩어리

건정과 7홉,

대추 1되,

밤 1되,

홍시 7개,

배 5개,

수박 1개

[미수 소입]
간장 2되, 표고버섯 5홉, 생강 1냥, 후추 2전, 참기름 1되, 초 5홉, 소금 5홉

[좌간남]
석이버섯 3되, 잣 1홉, 잡두제 감, 편두부 1편, 파 10뿌리

[우간남]
전편 감, 편두부 1편

상화병 매 접시
밀가루 5되, 참기름 2홉, 기주미 1되, 무 20뿌리, 잣 5작, 생강 5전,
석이버섯 2홉, 후추 1전, 소금 1홉, 간장 2홉, 연두부 3덩어리,
기화(基火) 3되

산삼병 매 접시
실산삼 2근, 찹쌀가루 2되, 꿀 2홉 3작 3리, 참기름 1되, 잣 1홉

녹두병 매 접시
녹두 1되 5홉, 참기름 7홉

一二等頭日三名每床所入

熟片次 多士亇一條式
甫只次軟豆泡一塊式
雜湯次黃角三合式
炙次片豆泡半片式
實生栗二合式
生大棗二合式

紅柹三介式
醋一合式
麵菉豆末五合式 淸醬二合式 胡椒一分式 菜一器式
漢果每貼是所入
眞末一升三合五夕式 太末一升二合五夕式 黑湯五合八夕式 眞油一合式 造淸一合五夕式
床花餠每貼是所入
眞末二升式 丁含三合式 淸蜜五夕式 起酒米二合式

1등두목과 2등두목 3명에게 제공하는 매 상 소입

숙편 감, 다시마 1조
볶기 감, 연두부 1덩어리
잡탕 감, 황각 3홉
적 감, 편두부 1/2편
밤 2홉,
대추 2홉,
홍시 3개,
초 1홉

세면
녹두말 5홉, 청장 2홉, 후추 1푼, 채 1기

한과 매 접시
밀가루 1되 3홉 5작, 콩가루 1되 2홉 5작, 흑탕 5홉 8작, 참기름 1홉,
조청 1홉 5작

상화병 매 접시
밀가루 1되, 정함 3홉, 꿀 5작, 기주미 2홉

兩博氏房排
鍮大也各一
鍮所羅各一
養齒白甫兒各一
朱紅手盤各一
朱紅手巾函各一
白木綿手巾長各四尺
白木綿裌巾各一
大紅木綿草綠段半衾三幅揮巾各一
朱紅高足床名一
鍮超兒各一

양 박씨 방에 배설되는 것
유기대야 각 1기(그림 5),
유기소라[132] 각 1(그림 6),
양치백보아[133] 각 1,
주홍수반 각 1,
주홍수건함 각 1,
백무명수건 길이는 각각 4자,
백무명을 겹으로 하여 만든 수건 각 1,
초록단으로 질반을 덴 샛빨간 무명 3폭으로 만든 휘건[134] 각 1,
주홍고족상 각 1(그림 7),
청동초아[135] 각 1

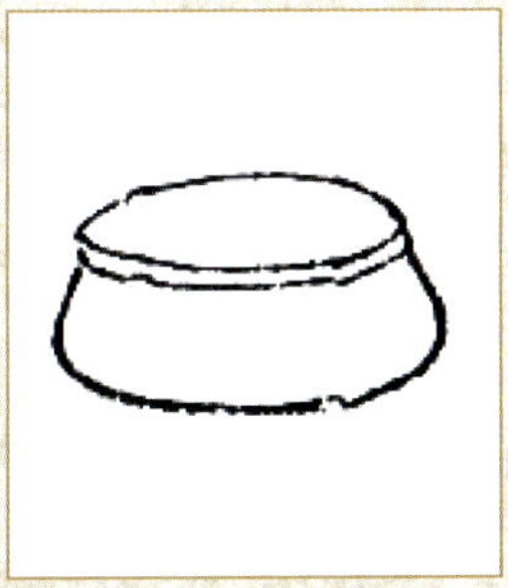
그림 5 대야(大也)

그림 6 소라(所羅)

그림 7 고족상(高足床)

兩博氏各厨房飯監所用
鑄東海各一
有足鼎各一
朱紅手盤各三立
鑄鉢里各一
鍮匙各一
鍮筯各一每也
鍮祝各一
瓢子各三內木瓢各一
單幅紙各二張
食刀各一
杻籠各一
鍮大沙用各一
鍮中沙用各一
鍮小沙用各一
鍮者各一
浮獨只機各一
馬尾篩各一
竹篩各一
生布狗介各一, 各長一尺二寸
白貼是各一竹
白鐘子各三
常沙鉢各三
朱柒盤各一
朱紅高足食床各一
陶所羅各一
陶東海各一
案板各一
土烽爐各一
炙函各二隻
有足樻各一
味金各一
白磁碗各三
白中碗各三
白甫兒各五

白苧布手巾各一，各長一尺五寸
擔桶各一
木擧乃各一
生布五幅袱各一
草省各一

양 박씨 각 주방에 소속되어 있는 반감이 쓰는 기용

청동동해[136] 각 1(그림 8 · 9),
발 달린 정(솥) 각 1,
주홍수반[137] 각 3립,
청동바리 각 1(그림 10),
유기숟가락 각 1,
유기젓가락 각 1벌,
유축[138] 각 1(그림 11),
표주박 각 3 그중 목표[139] 각 1,
단폭지[140] 각 2장,
식도 각 1,

그림 8 동해(東海)

그림 9 뚜껑을 갖춘 동해

그림 10 바리(鉢里)

그림 11 축(祝)

그림 12 바뚜껑을 갖춘 대새옹

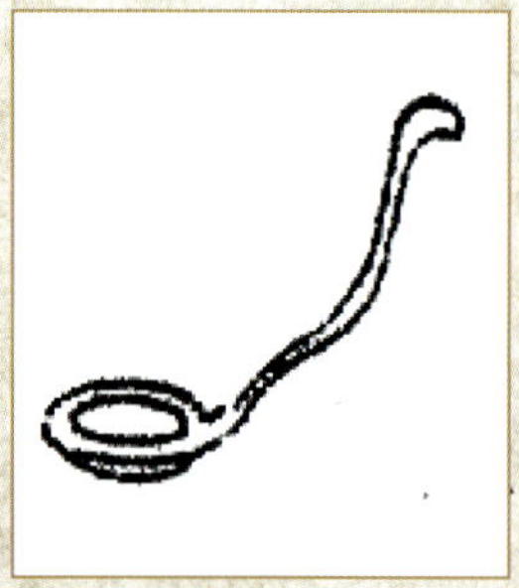

그림 13 자(煮)

싸리바구니 각 1,

유기대새옹 [大沙用] 각 1(그림 12),

유기중새옹 각 1,

유기소새옹 각 1,

유자[141] 각 1(그림 13),

부독지기(浮獨只機)[142] 각 1,

마미사(말총체)[143] 각 1,

죽사(대체)[144] 각 1(그림 14),

생포구개[145] 각 1, 각각의 길이는 1자 2치,

백접시 각 10,

백종지 각 3(그림 15),

상사발[146] 각 3(그림 16),

주칠반[147] 각 1,

주홍고족식상 각 1,

도기소라 각 1,

도기동해 각 1,

안반 각 1,

토봉로 각 1(그림 17),

적함[148] 각 2척,

그림 14 사(篩)

그림 15 종지(鍾子)

그림 16 사발(沙鉢)

발 달린 궤짝 각 1,

화금[149] 각 1,

백자완 각 3,

백중완 각 3,

백보아 각 5,

흰모시수건 각 1, 각각의 길이는 1자 5치,

담통[150] 각 1,

목거내[151] 각 1,

삼베 5폭보자기 각 1,

소성[152] 각 1

粥匠所用
鍮東海 一
鍮煮 一
單幅紙 一張
瓢子 一
朱紅手盤 一
杻籠 一
召匙 三
白甫兒 三
白鍾子 三

죽 만드는 장인이 쓰는 기용
청동동해 1,
유자 1(그림 13),
단폭지 1장,
표주박 1,
주홍수반 1,
싸리바구니 1,
대추숫가락 3,
백보아 3(그림 18),
백종지 3(그림 15)

그림 17 화봉로(火烽爐)와 토봉로(土烽爐)

그림 18 보아(甫兒)

餠匠所用
案板 一
木槌 一
洪都介 一
火鼎 一
陶甑 一 本具
味煮 一
陶所羅 一
朱紅手盤 二
瓢子 一
單幅紙 二張
白貼是四
杻籠 一
磁碗 二

떡 만드는 장인이 쓰는 기용

안반 1,

목추[153] 1,

홍두께 1,

화정(火鼎) 1,

도기시루 1, 받침을 갖춘다(그림 19 · 20).

화사 1(그림 21),

도기소라 1(그림 22),

주홍수반 2,

표주박 1,

단폭지 2장,

백접시 4(그림 23),

싸리바구니 1,

자기완 2

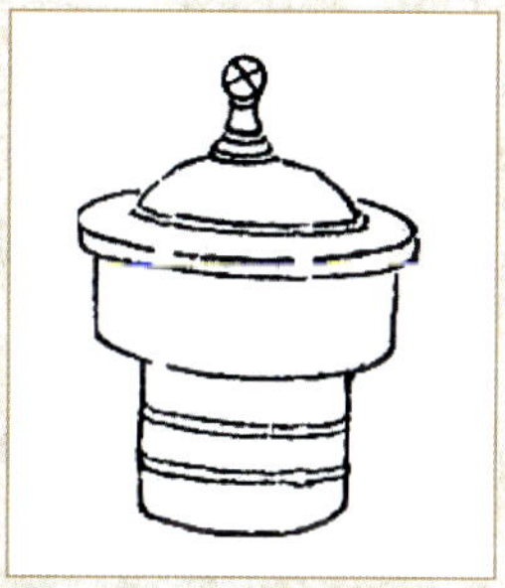

그림 19 시루[甑]

그림 20 시시루[甑]와 증시([甑匕)

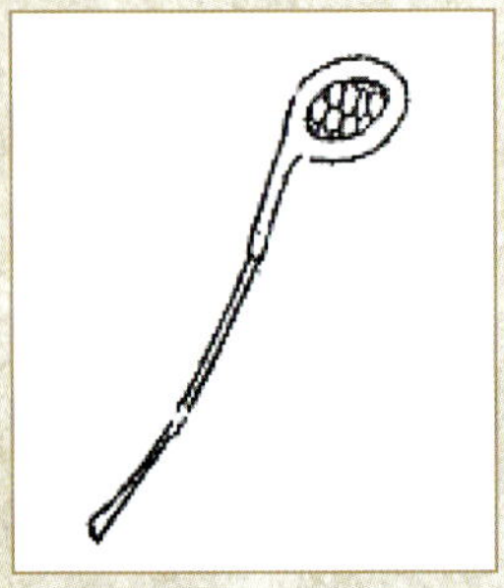

그림 21 화자(和煮)

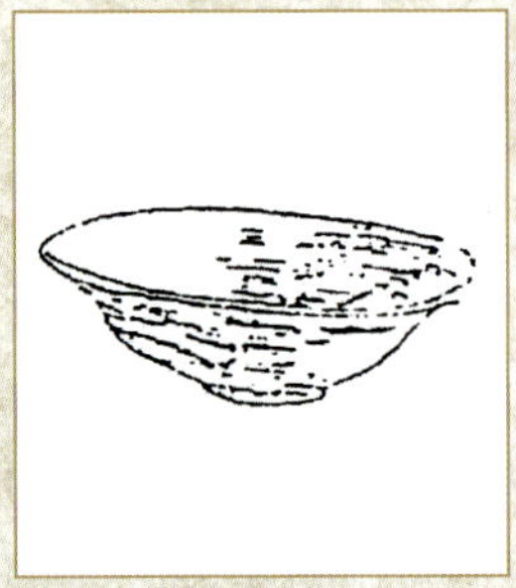

그림 22 소라(所羅)

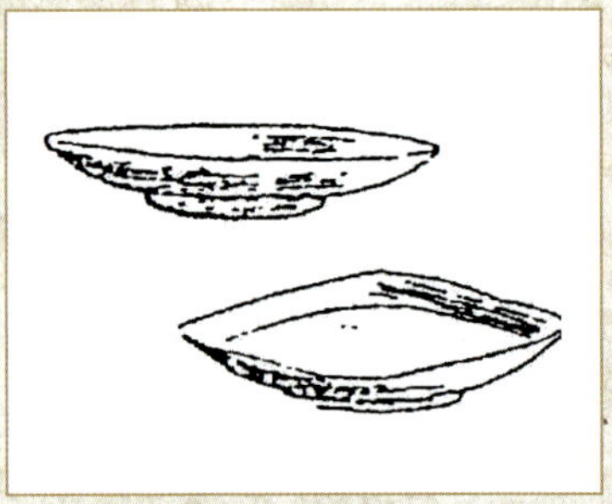

그림 23 접시(貼是)

床花匠所用
常盤 二
食刀 一
案板 一
馬尾篩 一
仇彔之 一
床花籠 十六
瓢子 一
小都亇一
四張付油芚 一
陶所羅 一
大甑 一 本具
陶東海 一
單幅紙 二 張
鍮煮 一
鑄東海 一
鑄沙用 一
白木綿 三幅 袱三
朱紅手盤 二
白貼是 三
磁中碗 二
二幅 袱 五
五幅 布 袱 二
杻籠 一

상화(만두) 만드는 장인이 쓰는 기용
보통 반[常盤] 2,
식도 1,
안반 1,
마미사(말총체) 1,
구록지[154] 1,
상화롱[155] 16,

표주박 1,
소(小)도마 1,
4장 붙인 유둔[156] 1,
도기소라 1,
대(大)시루 1, 받침을 갖춘다.
도기동해 1(그림 8),
단폭지 2장,
유자 1(그림 13),
청동동해 1(그림 8 · 9),
청동새옹 1(그림 12),
백무명 3폭 보자기 3,
주홍수반 2,
백접시 3(그림 23),
자기중(中) 완 2,
2폭 보자기 5,
5폭 삼베 보자기 2,
싸리바구니 1

細麵匠所用
浮獨只 一 布三尺 二寸
馬尾篩 一
瓢子 一
柳箕 一
鍮東海 一

국수 만드는 장인이 쓰는 기용
부독지(걸름베) 1, 베 3자 2치,
마미사(말총체) 1,
표주박 1,
유오[157] 1,
청동동해 1(그림 8 · 9)

熟手所用
鍮東海 三
大沙用 一
中沙用 一
鍮煮 一
案板 十
馬尾篩 一
竹篩 一
單幅紙 十張
水桶 一
行子 七, 各長 一尺
朱漆盤 六
柳笥 二
隅板 二
陶所羅 二
食刀 一

洪刀介 二
行子赤亇 七
常沙鉢 一竹
大火鼎 一
中火鼎 一
白骨大盤 四立
召匙 一丹
白骨手盤 一竹
杻籠 三部
白沙鉢 一竹 五介
白小貼 二竹
磁貼是 五竹
白甫兒 三竹
白大貼 二竹
白小小鍾子 一竹
中碗 一竹
白大貼 一竹
咊煮 四
炙柄 三色紙 一張
取油休紙 十張
褁隔白紙 十張

숙수가 쓰는 기용
청동동해 3,
대(大)새옹[沙用] 1,
중(中)새옹 1,
유자 1(그림 13),
안반 10,
마미사(말총체) 1,
죽사(대체) 1,
단폭지 10장,
수통(물통) 1,
행자[158](행주) 7, 각각의 길이는 1자이다.

주칠반 6,
유사[159] 2,
우판(모판) 2,
도기소라 2,
식도 1,
홍두깨 2,
행자치마(行子赤亇)[160] 7,
보통사발 10,
대(大)화정(火鼎) 1,
중(中)화정 1,
칠하지 않는 대반[白骨大盤] 4립,
대추숟가락 1단,
칠하지 않은 수반[白骨手盤] 10,
싸리바구니 3부,
백사발 15,
백소(小)접시 20,
자기접시 50,
백보아 30,
백대(大)접시 20,
흰색의 가장 작은 종지[白小小鍾子] 10,
중(中) 완 10,
백대(大) 접시 10,
화자 4(그림 21),
적병[161]에 쓰이는 삼색지 1장(그림 24),
취유휴지 10장,
과격백지 10장

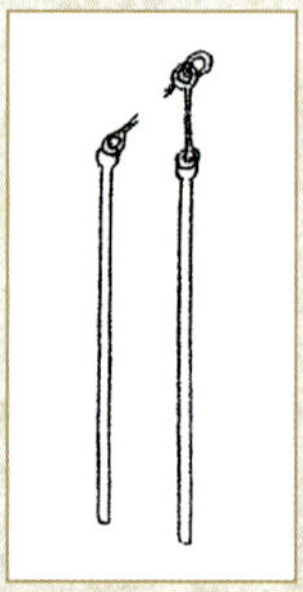
그림 24 적병(炙炳)

九月初四日
仁粘米 次
粘白米 二斗 赤豆 一斗 清蜜 二升

同日
敬丹 次
粘白米 二斗 太末 五升 清蜜 二升 五合 實栢子 三合
九月初五日
白豆甑餠 次
粘白米 二斗 小豆 一斗 三升 乾柿 一貼 三串 大棗 三升 清蜜 三升

九月初六日
赤豆甑餠 次
粘白米 二斗 小豆 一斗 三升 乾柿 一貼 三串 大棗 三升 清蜜 二升

九月初七日
仁粘米 次
粘白米 二斗 小豆 一斗 清蜜 二升

9월 4일
인절미 감
찹쌀 2말, 팥 1말, 꿀 2되

같은 날
경단 감
찹쌀 2말, 콩가루 5되, 꿀 2되 5홉, 잣 3홉

9월 5일
백두증병 감
찹쌀 2말, 팥 1말 3되, 건시 1접 3꽂이, 대추 3되, 꿀 2되

9월 6일

적두증병 감

찹쌀 2말, 팥 1말 3되, 건시 1접 3꽂이, 대추 3되, 꿀 2되

9월 7일

인절미 감

찹쌀 2말, 팥 1말, 꿀 2되

兩 博氏別求請
兩色醬俎 六十五介
胡桃三合

實入秩
土卵 二斗 一升
生蒜 六百三十本
石茸 四斗 一升 二合
多士亇 二百十一條
艮醬 六斗 四升 七合
甘醬 二斗 八合
甘藿 八十四立
眞末 十三斗 七升 九合 六夕
蕈古 二斗
生薑 八斤六
鹽 三斗 一升 六合 六夕
瓜醬俎 四十二介
青根醬俎 四十二介
沈菜 十八沙鉢
醋 一斗 七升
生葱 一千 三百四十本
眞油 五斗 五合
沈瓜 四十二介

菁根 四百二十五本
清蜜 四斗 五合 七夕 五里
胡椒 六兩 七錢 二里
黄角 二斗 二升 八合
片豆泡 一百二十五片
軟豆泡 二百十塊
眞茸 二百三十介
海衣 二十四張半
實栢子 六升 二合 六夕
青泡 二百十片
起酒米 七升 六合
清酒 二升 一合 二里
綠豆末 一斗 四升
蔥苡 四甫兒
乾正果 一升 四合
生大棗 四升 七合 五夕
實生栗 四升 七合 五夕
西果 二介 半
紅柿 六十介
生梨 二十三介
其火 一斗 八升
實山蔘 十二斤
粘米末 三斗
實綠豆 九升
清醬 三升
太末 一斗 八斤 六合 五夕 二里
丁含 二升 四合
黑湯 七升 一合 八夕
造清 四升 一合 五夕 二里
實榛子 五合 五夕
實胡桃 五合 五夕
實銀杏 六合
獼猴萄正果 一升 四合
木瓜 五合

皮栢子 一合 五夕
皮榛子 一合 五夕
皮生栗 一合 五夕
冬花 十四介
水芹 四十二丹
茄子 沈菜 十四沙鉢
白菜 四十二丹
蔓菁根 一百四十本
炭 二石
杻木 十五丹
活雞 二首
中生鮮 二尾
小生鮮 二尾
生雉 二首
生猪肉 十四斤
熟猪肉 二斤

양 박씨가 특별히 청구한 것
양색장저 65개,
호두 3홉

실제로 들인 것
토란 2말 1되,
마늘 630뿌리,
석이버섯 4말 1되 2홉,
다시마 211조,
간장 6말 4되 7홉,
감장 2말 8홉,
감곽 84립,
밀가루 13말 7되 9홉 6작,
표고버섯 2말,
생강 8근 6,

소금 3말 1되 6홉 6작,
과장저 42개,
무장저 42개,
침채 18사발,
초 1말 7되,
파 1,340뿌리,
참기름 5말 5홉,
침과 42개,
무 425뿌리,
꿀 4말 5홉 7작 5리,
후추 6냥 7전 2리,
황각 2말 2되 8홉,
편두부 125편,
연두부 210덩어리,
참버섯 230개,
김 24 1/2장,
잣 6되 2홉 6작,
청포 210편,
기주미 7되 6홉,
청주 2되 1홉 2리,
녹두말 1말 4되,
의이 4보아,
건정과 1되 4홉,
대추 4되 7홉 5작,
밤 4되 7홉 5작,
수박 2 1/2개,
홍시 60개,
배 23개,
기화 1말 8되,
실산삼 12근,

찹쌀가루 3말,

녹두 9되,

청장 3되,

콩가루 1말 8근 6홉 5작 2리,

정함 2되 4홉,

흑탕 7되 1홉 8작,

조청 4되 1홉 5작 2리,

개암 5홉 5작,

호두 5홉 5작,

은행 6홉,

미후도정과 1되 4홉,

목과 5홉,

껍질 붙어 있는 잣 1홉 5작,

껍질 붙어 있는 개암 1홉 5작,

껍질 붙어 있는 밤 1홉 5작,

동아 14개,

미나리 42단,

가지침채 14사발,

배추 42단,

무 140뿌리,

탄 2섬,

싸리나무 15단,

살아 있는 닭 2수,

중생선 2미,

소생선 2미,

꿩 2수,

돼지고기 14근,

익힌 돼지고기 2근

還下秩
小藥果 九百五十介
小茶味 七升
漢果 三斗 以上新勅使用下次
淸蜜 八升
眞油 五升 八合
艮醬 七升
甘醬 九升
眞末 一斗 七升

돌려 보낸 것
소약과 950개,
소다미 7되,
한과 3말, 이상은 새로 온 칙사에게 내어준 것
꿀 8되,
참기름 5되 8홉,
간장 7되,
감장 9되,
밀가루 1말 7되

郞廳 通訓大夫 行刑曺佐郞 臣 申
都廳 通訓大夫 司僕寺 正 臣 丁
館伴 責憲大夫 禮曹判書 兼 同知 經筵春秋館事 臣 李
提調 正憲大夫 户曹判書 臣 李

낭청 통훈대부 행형조좌랑 신신
도청 통훈대부 사복시 정신정
관반 책헌대부 예조판서 겸 동지 질정춘추관사 신이
제조 정헌대부 호조판서 신이

제3편 미주

1) 연향색(宴享色) : 영접도감의 한 부서로 국빈을 대접하는 잔치를 맡아보던 한 분장이다.

2) 원(員) : 조선왕조에서는 사람의 신분에 따라 가장 높은 지위의 사람에게는 원(員), 장인에 속한 자는 명(名), 노자에 속한 자는 구(口)라 했다.

3) 통사(通事) : 조선왕조 때의 통역관을 말한다.

4) 가정(家丁) : 집에서 부리는 남자 일꾼 또는 하인을 말한다.

5) 편전(便殿) : 임금이 항상 거처하면서 정사(政事)를 보던 궁전. 경복궁에서는 사정전(思政殿), 창덕궁에서는 선정전(宣政殿)이 이에 해당한다.

6) 두목(頭目) : 명나라 사신을 따라 온 장사치의 우두머리를 말한다.

7) 모화관(慕華館) : 조선왕조 때 중국사신을 영접하던 곳으로 태종 7년(1407) 지금의 서대문 밖 북서쪽에 건립되었다. 모화루(慕華樓)라 하고 그 앞에는 영은문(迎恩門)을 세웠다. 세종 12년(1430)에 개수하고 후에 이 이름으로 개칭하였으며, 청일전쟁 후 폐지되었다. 고종 33년(1896) 서재필 등이 영은문 자리에 독립문을 세웠다.

8) 별다담(別茶啖) : 다담(茶啖)보다는 격이 있으나, 연향상보다는 규모가 작은 연회상 차림이다.

9) 하마연(下馬宴) : 중국 사신이 도착했을 때 베풀던 환영연이다.

10) 익일연(翌日宴) : 중국 사신이 도착한 다음날 베풀던 연회이다.

11) 회례연(回禮宴) : 중국 사신에게 사례의 뜻으로 베풀던 연회이다.

12) 상마연(上馬宴) : 중국 사신이 떠날 때 베풀던 환송연이다.

13) 별연(別宴) : 중국 사신에게 이별할 때 베풀던 연회이다.

14) 전연(餞宴) : 중국 사신에게 이별할 때 교외에서 베풀던 전별연이다.

15) 낭청(郎廳) : 조선왕조 때 육조(六曹)의 주요 사무를 장리하는 당하관(堂下官)의 총칭으로 정5품 정랑(正郎)과 정6품의 좌랑(佐郎)이 있다.

16) 서리(書吏) : 조선왕조 때 하급 서리(胥吏)로 곧 경향(京鄕)의 이직(吏職) 관리를 말한다.

17) 고직(庫直) : 고지기. 관아의 창고를 지키는 사람을 말한다.

18) 사령(使令) : 각 관아에서 심부름하던 하인을 말한다.

19) 가사령(假使令) : 임시로 고용한 사령을 말한다.

20) 서원(書員) : 서리 없는 관아에 둔 벼슬아치를 말한다.

21) 모꾼(募軍) : 토목공사 등에서 삯을 받고 품팔이 하는 인부를 말한다.

22) 별사주청(別賜酒廳) : 특별히 임금이 술을 내리는 청을 말한다.

23) 원문은 君炯胤으로 되어 있으나, 君을 尹으로 바꾸어 번역하였다.

24) 방기(房妓) : 칙사의 수청(守廳)을 드는 기생이다.

25) 중로(中路) : 가던 길의 중간 중도(中途). 중도(中道)

26) 원접사(遠接使) : 멀리까지 나아가서 사신을 맞이하던 임시벼슬로 정태화(鄭太和)를 말한다(『仁祖實錄』, 仁祖 21年 3月 5日 條).

27) 차사원(差使員) : 중요한 사무를 위해 중앙에서 임시로 파견하는 직원을 말한다.

28) 정태화(鄭太和) : 원접사(遠接使), 즉 청사 접대를 위하여 조선정부가 의주로 보낸 자를 뜻한다.

29) 비국(備局) : 비변사(備邊司). 조선왕조 때 군국(軍國)의 사무를 맡아서 처리하던 관아이다.

30) 이졸(吏卒) : 낮은 벼슬아치, 아전

31) 혜민고(惠民庫)라 칭하다가 태조 14년에 서(署)로 개칭하였다. 제조(提調) 2원, 주부(主簿) 1원, 의학교수 2원, 직장 1원, 봉사 1원, 의학훈도 1원, 참봉 4원이 근무하면서 서민의 질병을 치료하고 의녀(醫女)를 기르치는 일을 관장하여 의녀 70명을 양성하였다. 혜민서는 예조(禮曹)에 속한 관청이다(『新增東國輿地勝覽』).

32) 칙사 한 명이 방기 하나 둘로 만족하지 않는다는 뜻으로 이와 같은 예가 없었다는 것으로 미루어 칙사 1명이 적어도 방기 3명을 거느렸다는 뜻으로 해석된다.

33) 초기(草記) : 서울 각 관아에서 정무상(政務上) 그리 중요하지 않은 사항을 사실만 간단히 적어 임금께 올리던 문서이다.

34) 의녀 양성은 혜민서에서 행하였고, 혜민서는 예조에 예속한 관청이었으며 기생 양성은 장악원(掌樂院) 담당으로 역시 예조에 예속한 관청이었다(『經國大典』; 『新增東國輿地勝覽』).

35) 손님에게 커다란 예물을 주었으나 돌아온 것은 죽음뿐이다 라는 뜻으로 해석된다.

36) 가제조(假提調) : 임시 제조

37) 대객관(對客官) : 왕을 대신하여 외국 사신 등의 접대에 동원되는 당상내관(堂上內官)으로 대객당상관(對客堂上官)이라고도 하였다. 당상내관이 접대에 동원되는 것은 접대를 받는 자에게 경의를 표하는 뜻에서였으며, 내시부의 종4품직(經國大典)이다.

38) 진지서리(進止書吏) : 차린 밥상을 올리던 하급서리(胥吏)를 말한다.

39) 수결(手決) : 도장 대신 자기 직함 아래에 자필로 쓰던 일정한 자형(字形)을 말한다.

40) 동서활인서(東西活人署) : 백성의 질병을 고치기 위하여 베푼 의료기관으로 세조 12년에 동서활인원(活人院)을 동서활인서로 고쳤다(『新增東國輿地勝覽』).

41) 내의원(內醫院) : 임금이 복용하는 약의 조제를 관장하던 곳으로 침의(鍼醫)와 여의(女醫) 22원이 근무하였다.

42) 장계(狀啓) : 지방 감사의 명령 또는 왕명으로 지방에 파견된 관원이 왕에게 서면으로 보고하는 계본(啓本)이다.

43) 정역(鄭譯)은 명나라 사신 일행 중 한 사람으로 대통관(大通官) 정명수(鄭命壽)이다(『仁祖實錄』, 仁祖 21年 1月 19日 條).

44) 계목(啓目) : 계본(啓本)에 붙이는 목록이다.

45) 서로(西路)는 황해도와 평안도를 가리킨다.

46) 지배공석(地排空石) : 공석은 빈 가마니, 지배는 청소를 맡은 사람이므로 여기서는 청소를 맡은 사람이 쓸 빈 가마니로 해석된다.

47) 분비류(粉飛陋) : 분첩

48) 명경(明鏡) : 거울

49) 족건(足巾) : 버선류인 듯

50) 내도(內都) : 내도감(內都監), 즉 대도서(大道署)

51) 차비승전색(差備承傳色) : 특별한 사무를 맡기려고 임시로 임명한 승전색. 승전색은 왕명을 전하던 구실을 하는 자이다.

52) 종재단자(宗宰單子) : 종척(宗戚)과 재신(宰臣)들의 명단을 적은 종이를 말한다.

53) 입참(入參) : 궁중의 축하 또는 제례 때에 참열(參列)하는 일을 말한다.

54) 무동(舞童) : 춤추는 남자 아이를 말한다.

55) 공인(工人) : 악기를 가지고 음악을 하는 사람을 말한다.

56) 색리(色吏) : 감영(監營)이나 군아(郡衙)의 아전을 말한다.

57) 전악(典樂) : 조선조 때 장악원에 딸린 정6품 잡직의 하나이다.

58) 가동(歌童) : 노래 부르는 남자 아이를 말한다.

59) 도차사원(都差使員) : 도감의 차사원. 차사원은 중요한 사무를 위해 도감에서 임시로 파견한 직원이다.

60) 부표(付標) : 쪽지를 붙이는 것을 말한다.

61) 절목(節目) : 조목(條目)

62) 연로(沿路) : 큰길가에 있는 곳을 말한다. 연도(沿道)

63) 7개 처는 의주의 용만관과 의순관, 정주의 영훈루, 안주의 안흥관, 평양의 대동관, 황주의 객관, 개성의 태평관이다. ; 김상보(1995), 『조선왕조 궁중의궤 음식문화』, 수학사, 16쪽.

64) 沈이 申으로 잘못 표기되었다.

65) 전위사(餞慰使) : 이별하는 손님들에게 위로하기 위하여 보내는 사신을 뜻한다.

66) 교지(敎旨) : 임금의 전지(傳旨). 왕지(王旨)

67) 차비통사(差備通事) : 차비는 특별한 사무를 분장시키기 위하여 임시로 임명하는 벼슬을 차비관이라 하는데, 차비통사는 임시로 임명한 통역관이다.

68) 주봉배(晝奉杯) : 낮에 받들어 올리는 술상을 말한다.

69) 완배례(完盃禮) : 완전한 주례(酒禮)를 뜻한다.

70) 도청(都廳) : 영접도감에 딸린 벼슬을 말한다.

71) 회전복(灰全鰒) : 재로 말린 전복이다.

72) 즙유(汁油) : 음식에 바르는 잠기름이다.

73) 생우(生芋) : 원래 토란류를 가리키나 생강 또는 마늘로 사료된다. 이후 마늘로 번역했다.

74) 사지(絲紙) : 꽂이에 꿴 적(炙)꽂이 끝에 감아 늘어뜨린 좁고 가늘게 오린 삼색 종이를 말한다.

75) 군색(軍色) : 군(軍)의 계(係)이다.

76) 흑탕(黑湯) : 달인 진한 갈색의 엿물. 흑당(黑糖)이라고 한다.

77) 출유(出油) : 지초와 같은 지용성 색소를 우려내는 데 쓰이는 기름이다.

78) 도자유(都煮油) : 지지는 데 쓰이는 기름이다.

79) 과격차저주지(果隔次楮注紙) : 저주지란 길이가 1자 6치 넓이가 1자 4치의 닥나무 껍질로 만든 종이인데, 음식 사이사이에 기름이 배도록 이것을 놓고, 과격차저주지라 하였다.

80) 취유휴지(取油休紙) : 기름 찌꺼기를 걸러내는 휴지이다.

81) 향화초충(香花草虫) : 꽃향기를 발하는 풀과 곤충이다.

82) 도련(擣鍊)저주지 : 종이의 네 가장자리를 고르게 자른 저주지이다.

83) 진사(眞絲) : 견사 곧 실크사를 말한다.

84) 복건(覆巾) : 덮어 씌우는 모자이다.

85) 분급(分給) : 나누어 주는 것을 뜻한다.

86) 동황(同黃) : 황색 채료의 일종이다.

87) 동록(銅綠) : 구리 표면에 돋는 푸른빛의 물질이다.

88) 세동사(細銅絲) : 가는 구리 철사이다.

89) 해장죽(海長竹) : 경상도에 분포된 해변의 방풍림으로 심는 대나무의 일종이다. 줄기가 죽세공재(竹細工材)

90) 목화영(木花英) : 목화 꽃뿌리이다.

91) 향화동자(香花童子) : 꽃향기를 발하는 동자이다.

92) 황회목(黃灰木) : 황회로 물들인 무명이다.

93) 괴화(槐花) : 홰나무의 꽃을 뜻한다.

94) 중죽(中竹) : 중정도 굵기의 대나무이다.

95) 황초(黃草) : 마른풀

96) 화장(花匠) : 조화 만드는 장인을 말한다.

97) 조역꾼(助役軍) : 수고로운 일을 도와주는 사람을 말한다.

98) 사환모꾼(使喚募軍) : 잔심부름을 시키기 위하여 고용하여 부리던 삯을 받고 품팔이 하는 인부를 말한다.

99) 분사옹원(分司饔院) : 사옹원 본원에서 따로 분설한 분원이다.

100) 대새옹(大沙用) : 놋쇠로 만든 커다란 솥. 밥 짓는 데 사용하였다. ; 김상보(1995), 『음양오행사상으로 본 조선왕조의 제사음식문화』, 수학사, 268쪽.

101) 귀선(耳鐥) : 귀가 달려 있는 기름, 술, 간장을 뜨는 기구이다. ; 김상보(1995), 『음양오행사상으로 본 조선왕조의 제사음식문화』, 수학사, 268쪽.

102) 다보아(茶甫兒) : 찻보시기, 찻사발을 말한다.

103) 수절도청장(隨節都淸醬) : 채수절에 치는(넣는) 청장이다.

104) 고물계란(古物鷄卵) : 고물에 소용되는 달걀이다.

105) 절과(節果) : 계절 과일을 말한다.

106) 사권화(絲勸花) : 연회 때 머리에 꽂는 만든 꽃의 한 종류. 여기에는 정사와 부사들의 머리에 꽂는 꽃을 가리킨다.

107) 호(毫) : 가늘고 긴 털. 여기서는 가는 털을 세는 단위로 가닥으로 해석된다.

108) 목홍(木紅) : 다목을 끓여 우려 낸 붉은 물감을 말한다.

109) 지야상화(紙野床花) : 종이로 만든 음식상에 꽂는 들꽃을 말한다.

110) 『仁祖實錄』, 仁祖 21年 9月 8日 條에는 이역의 이름이 이잉석임을 밝히고 있다.

111) 조반상(早飯床) : 초조반(初朝飯)

112) 칙사로 온 2명의 박씨에 딸린 주방을 말한다. 칙사 1명에 주방 1개소가 있었다.

113) 사환(使喚) : 잔심부름을 시키기 위하여 부리는 사람을 말한다.

114) 반감(飯監) : 궁중에서 음식물과 물품의 진상을 맡아 보던 벼슬아치이다.

115) 각색장(各色掌) : 각기 담당하는 일을 맡아 보는 자로서 자비(差備)라고도 하며 잡역에 동원되는 임시로 고용된 노비를 말한다.

116) 주방숙수(廚房熟手) : 주방의 조리시를 말한다.

117) 병장(餠匠) : 떡을 전문으로 만드는 장인을 말한다.

118) 상화병장(床花餠匠) : 상화를 전문으로 만드는 장인. 상화는 현재의 찐빵이나 찐 만두류이나.

119) 죽장(粥匠) : 죽을 전문으로 만드는 장인을 말한다.

120) 세면장(細麵匠) : 국수를 전문으로 만드는 장인을 말한다.

121) 상화병모(床花餠母) : 상화를 만드는 사람이다.

122) 병모(餠母) : 떡을 만드는 사람이다.

123) 진지악생(進止樂生) : 진지란 상대방을 높이어 그가 먹는 '밥'을 이르는 말이고, 악생이란 주악(奏樂)에 종사하던 장악원의 잡직(雜職) 공인(工人)을 말한다. 따라서 진지악생은 진지 드실 때 동원되는 공인으로 해석된다.

124) 조과숙수(造果熟手) : 조과를 전문으로 만드는 조리사이다.

125) 대령숙수(待令熟手) : 윗사람의 지시나 명령을 기다리는 조리사이다.

126) 권육(勸肉) : 상중(喪中)에 있는 임금에게 신하들이 고기 들기를 권(勸)하던 일 또는 상중에 있는 신하에게 임금이 고기 들기를 권하던 일을 뜻한다.

127) 삼시반(三時飯) : 아침밥 · 점심밥 · 저녁밥

128) 소선(素膳) : 고기가 들어가지 않은 음식으로 여기서는 상중(喪中)에 먹는 음식을 가리킨다.

129) 과장저(瓜醬菹) : 장과(醬果)로 간장에 담근 장아찌류이다.

130) 동화(冬花) : 동과(冬瓜), 즉 동아이다.

131) 보아(甫兒) : 보시기

132) 소라(所羅) : 소래기

133) 양치백보아(養齒白甫兒) : 양치질 할 때 쓰이는 보시기이다.

134) 휘건(揮巾) : 밥 먹을 때 목에 두르는 데 쓰이는 일종의 덧옷이다.

135) 초아(超兒) : 그릇높이가 높은 보시기이다.

136) 동해(東海) : 동이

137) 수반(手盤) : 손으로 들고 다니는 반(盤)으로 쟁반류를 말한다.

138) 유축(鍮祝) : 놋쇠주걱

139) 목표(木瓢) : 모과 바가지

140) 단폭지(單幅紙) : 한 폭 종이

141) 유자(鍮煮) : 볶음조리에 사용하는 유기 조리 주걱이다.

142) 부독지기(浮獨只機) : 부독지는 거르는 베, 기는 틀로 해석된다. 따라서 부독지기는 걸름베와 틀이다.

143) 마미사(馬尾篩) : 말꼬리털로 만든 체이다.

144) 죽사(竹篩) : 대로 만든 체이다.

145) 생포구개(生布狗介) : 삼베 걸레

146) 상사발(常沙鉢) : 보통 사발

147) 주칠반(朱柒盤) : 붉은색을 칠한 반이다.

148) 적함(炙函) : 적꽂이를 넣어 두는 함이다.

149) 화금(火金) : 석쇠

150) 담통(擔桶) : 어깨에 메는 물통이다.

151) 목거내(木擧乃) : 들어 올리는 나무 막대기를 말한다.

152) 초성(草省) : 솔

153) 목추(木槌) : 나무절구 방망이

154) 구록지(仇彔之) : 찜기 밑에 까는 일종의 시루 밑을 말한다.

155) 상화롱(床花籠) : 상화를 찌는 대나무로 만든 찜기를 말한다.

156) 유둔(油芚) : 비가 올 때 쓰기 위하여 이어 붙인 두꺼운 유지(油紙)를 말한다.

157) 유오(柳箕) : 버들로 만든 고리이다.

158) 행자(行子) : 행주

159) 유사(柳笥) : 버들로 만든 상자이다.

160) 행자치마(行子赤亇) : 행주치마

161) 적병(炙炳) : 적꽂이자루 ; 김상보(1995), 『음양오행으로 본 조선왕조의 제사음식 문화』, 수학사, 269쪽.

제4편

원본 영인

崇德八年癸未四月　日宴享色儀軌

勅使上使布

副使揚

大通官一員

一等頭目四人內通事一人

三等頭目五名內家丁二名

三月二十五日入京便　殿接見頭目床則勿論各等別

賜酒床及內贍寺禮賓寺宴床合為一床豐備接待

二十六日　勅使慕華舘往還後別茶啖排入

二十七日別茶啖排入

二十八日下馬宴

一

二十九日漢江遊觀

三十日翌日宴因禮宴兼行

四月初一日別茶啖排入

初二日別茶啖排入

初三日別茶啖排入

初四日上馬宴別宴兼行

初五日別茶啖排入

初六日郊外餞宴

郎廳一員

禮曹佐郎李丕顯改差代

禮曹正郎尹世任

二

所屬四司監造官

內資寺奉事柳應昌

內贍寺主簿李慶忠

禮賓寺叅奉金有聲

典牲署奉事李逸彥

書吏尹孝吉

鄭命賢

洪福生

金繼賢

姜悌吉

吳信

三

庫直金擇善

使令全永男等五名

假使令二名

內資寺書員金順宗

庫直秦天守

假使令一名慕軍中擇定

內贍寺書員金起巽

庫直安儉忠

假使令一名慕軍中擇定

禮賓寺書員安弘男

朴禮立

四

庫直陳孝貞
假使令一名 募軍中擇定
司畜署書員安 翰
庫直文應福
假使令一名 募軍中擇定
别賜酒廳 舊則司饔院主掌今則不爲親臨矣司饔院不来故本色郎廳直爲句管
已上本色四司及别賜酒廳守直軍士各二名 兵曹定送
各宴大臣宰臣自政院抄 啓
下馬宴左議政沈悦 刑曹判書元斗杓 刑曹叅判李時昉
翌日宴右議政沈器遠 工曹判書尹 暉 吏曹叅判徐景雨
請宴左議政沈 悦 户曹叅判沈 詻 蓬莱君炯胤

五

遊觀吏曹判書李景曾 行大司成金著國 錦林君愷胤
上馬宴右議政沈器遠 左叅賛金自點 行護軍金南重
郊外餞宴左議政沈 悦 工曹判書尹 暉 吏曹判書李景曾
三月初六日都監
啓曰房妓之弊罔有紀極都下之人聞 勅行先聲已有
奔避之色殊極可慮令禮曹預爲料理俾無如前生
事之患一邉有顔面譯官一人給馬下送于中路諭其
極難形勢两西房妓且令率来何如
傳曰依啓 譯官李坴給馬發送
三月初七日遠接使两西監司了
都監爲着實舉行事自前 勅使接待莫難於房妓

六

一事今此 勅使時两西妓生擇其可合者爲先
起送事自 廟堂已爲停當自都監入 啓蒙
允爲有置將此事意奉審舉行爲乎矣臨時必有點
退生梗之患事極可慮房妓可合者極擇新面目
有姿色者起送而擇定勤幹差使員爲先間
路罔夜押送俾無臨時窘急生事之患爲乎矣
所着衣裳乙良置亦爲使之鮮明向事
三月初七日禮曹
啓曰 勅使接待莫難於房妓一事前冬愽氏之行本
曹郎廳至於受杖幾死其後判書臣南以雄議于
廟堂欲爲預爲措置而 廟堂持難不決矣今此 勅

七

使之行猝至此事最急他無容手之策猶有己卯
前例自两西别抄可合者間路先送幸得添數云
故遠接使下去之日臣植方在 宗廟奉審之中
不得親見使郎廳往見鄭太和密言其事則鄭太
和欲得上司文移以令于两西盖爲其事甚難自
出號令恐未整齊也此則不難之事而至今不得舉
行今聞都監備局皆委諸本曹尚無處置之意本
曹則只管儀注文書故自前號令不行吏卒至殘如
此至難至重之事萬無應辦之理亦無如此之前例
事敗之後雖被罪責必無及矣着令都監匆爲推倭
急急處置何如

八

傳曰依啓
三月初八日 都監
啓曰伏見禮曹 啓辭房妓一事至難至重萬無應辦
之理亦無如此之前例令都監勿為推諉急急處置
云凡都監之規號令各司使之進排撿飭設行而已
本無自為辦 出之事妓生醫女乃禮部所屬不責
於禮部則將責於何處自前禮曹郎廳專為主掌非
今日之創開請令禮曹料理以待何如
傳曰依啓
三月初九日禮曹
啓曰伏見都監 啓辭又以房妓一事責出於本曹任

九

其生事而不恤未知其意之所在也都監之號令百司
非以其所無之物責出也禮曹之該掌妓生亦然
矣但掌樂院遴妓罷之已久前日本曹判書稟于
廟堂議復前規而持難不許此乃本曹預為料理之事
也今者使行已迫此事已無及矣惠民署只有醫女
可合二三人已為待令郎廳逐日仕于都監方便
之策非不告訴而皆不見施但令本曹責出妓生
如責貨物於戶曹此無異於枯木求津也 勅
使之行非止一再未聞有如此之例本曹不得不歷
陳曲折欲免生事於 國家非如上司相較也
今雖一向奉 旨替責本曹更無料策令都

十

監依上年例施行何如
傳曰言于都監
三月十一日都監
啓曰以禮曹草記言于都監事
傳教矣六曹分掌醫妓屬於禮部房妓句管責於何地
今則事勢急遽禮曹亦以為悶迫自都監別為催
督於兩西而禮曹郎廳若未整齊則恐未免生事之
患極為可慮敢 啓
傳曰知道
三月十三日禮曹
啓曰遴妓雖屬於禮曹不為預備臨時决難應辦之意已

一一

為 啓達矣今者都監送言于本曹曰房妓之
事兩西所送不可專恃空手以待將生大事近京有
妓官抄出若干名可及來致而號令雖出於都監
啓下當由於該曹云故稟于 廟堂則亦以為可水原
原州春川公州忠州清州六邑可合妓生各二名使
之登時裝送事令 都監出令催促以為填補之地
何如
傳曰此事似有大段後弊勿為創開可也
同日稟目
一各日宴享時假提調二十員進止官二十五員頭目對客
官三員頭目進止書吏十人令吏曹差定何如

一二

一為相考事遠接使狀 啓內節該京中房妓索出無
路兩西妓生便行之意鄭譯處開諭事狀 啓據都
監粘連 啓目云云
啓下是白有亦 勅使入京之後房妓一事極為難處況上年
發捕盜搜括私娼之故今年則閭巷一空萬無策應
之路極為可慮為白置西路房妓便行事十分措辭萬
端善諭期於便行則最為多幸勿以一番見拒為止
累累言 說必以蒙許為乎矣到京後所為未可預料
依前
啓下公事前定各十名 勅使未入京前急急上送俾無臨
時窘迫生事之患事嚴明知委向事

一四

堂上手決內依
一房妓所着衣裳是道里依前例令東西活人署
進排何如 堂上手決內依
勅使已為渡江不久入京醫女等依前例待候館底裝梳
整頓而上司各處侵責使喚不一而足極為不當
今後切勿侵責事捧甘于內醫院何如
堂上手決內依捧甘內醫院
一遊觀時濟川亭舊基依前設帳幕事已為停當
則設宴舉措不可不預為磨鍊敢稟 堂上手決內
磨鍊
三月十四日 遠接使平安監司黃海監司了

一三

平安監司牒呈內房妓五名今將發送為在果
今當此行臨發之際京中無房妓與否十分言說
後此道及黃海道房妓便行至京之意又為開諭則
依此聽從今方率去極為多幸為在果或恐中路
改轍此意丁寧分付於譯官等處俾無失約之弊
為卧乎事
同日稟目
宴享時笏記下品擣鍊紙一丈進排事 堂上手決內依長興庫
同日稟目
一京外房妓拘留待候處地排空石三十立依前例進
排各妓供饋事及臙脂粉飛陋真油明鏡二面等進

一六

三月十七日 兩西監司了
一為相考事黃海道上送妓生安岳三名海州二名內
容貌麤惡皆不合於房妓叱分不喻其中有年近五十
者又有不似官物者再三推覈則言語動靜乃是常
漢家私婢是去乎此必定送妓生以其婢子代送所
當各其官吏入 啓處置而此時西路守令慮有
遞易之弊姑為容叙為在果今後海西加定五名
及關西未及來十名乙以年少有姿色新衣服之妓
極擇上送而各其容貌年歲後錄牒呈為旀彼人
往來時未曾經新面目之妓上送向事
同日

一五

排事各該司良中捧甘何如 堂上手決內依 應辦色禮賓寺
平市署軍資監司宰監內贍寺廣興倉
同日稟目
一京外房妓皆無鞋襪應入人等雖不可一一備給
而不可不預備以待鞋襪各五件措備為遣鞋則用
後還下何如 堂上手決內自前巫女借用 東西活人署鞋則還下襪
則仍給
一房妓次待候女人等足巾皆是破裂不可不新造以
給磨鍊上下何如 堂上手決內都計歩木一疋上下
軍色絲則平市署
同月二十一日稟目

一七

一卽刻 差備承傳色分付內令此 勅使 便殿接見
時 勅使二員及鄭譯外頭目則一依己卯冬 勅使時
例自都監豐備接待事分付矣依己卯年例內贍寺
頭目宴床及別 賜酒床排饌物合設一床次急急加
磨鍊何如 堂上手決內依
同月二十二日 都監
啓曰伏見政院宗宰單子每宴以五員磨鍊
啓下矣近來 勅使時例以三員入參令不可有異於前日二
員令政院減下何如
傳曰依啓當該承旨難免不察之失推考
同月二十三日

一八

掌樂院牒呈內令此 勅使出來時碧蹄站迎慰宴
進去舞童工人躬親官員一員領去色吏一名執事
典樂二人歌童二名舞童四名工人八名等依前供
饋等事同站都差使員處分付為只為 堂上手決
內前例相考移文 勅使回還時因其分付樂工等不
送於碧蹄
三月二十五日
勅使巳時到明政殿未時到館不行見官禮二十六日出
往慕華館宣諭百官都民
三月二十六日都監
啓曰當刻 勅使慕華館宣諭後還館卽行見官禮下

一九

馬宴則退行云矣敢 啓
傳曰知道
同日都監
啓曰今日不為下馬宴依前例別茶啖排入之意敢
啓
傳曰知道 自後空日每如是 啓辭
同日都監
啓曰卽刻李馨長極陳房妓之弊於鄭譯則鄭譯
曰馱來遠方搜索閭家之際果為有弊時方入房者外
留置二三人其餘則並為送還云敢
啓

二十

傳曰知道

三月二十七日 都監

啓曰即刻差備譯官以鄭譯意來言今日 頒勅後欲為下馬宴矣日勢已晚下馬宴當為退行云敢

啓

傳曰知道

三月二十八日都監郎廳

以左議政意

啓曰今日臣與宰臣元斗杓李時昉俱詣 勅使所館處請下馬宴則 兩勅使出坐西宴廳受宴行酒完杯禮等事依例行之臣等勸酒則稱以素無酒量不得

盡爵云臣等因為辭退之意敢

啓

傳曰知道

三月二十九日都監

啓曰都監凡事百般周旋僅得無事矣今日漢江船遊鄭譯飲酒至醉仍為酗酒自言今番則百事除弊而吾家丁不言於吾而亦給房妓是何事耶因令捉入宴享色郎廳棍打八度使之改差而臣方待候館下若知其奇則或可入去周旋不至辱 國而捲帳譯官皆為退去不為來言既打之後始聞其奇極為痛惋令該曹各別重治何如

傳曰依啓〔家丁房妓通事李論善以鄭譯之意使之入之故宴享色不得不入之而竟致生事〕

同日

都監郎廳單子李丕顯代禮曹正郎尹世任改付標

啓

同日 備邊司

啓曰房妓一事為都下莫重之弊自聞 勅使先聲人人自畏或有奔避者追突執捉之際閭巷騷然人無樂生之心矣今聞李馨長之言鄭譯之所大欲在於中和官婢寶生免賤事也今若遂其所願則京中房妓一事非所慮也渠當與鄭譯牢約後日西路房妓至京城便行而京城則更無侵擾之患云若然則失一官婢而可除

都民莫大之弊矣惶恐敢

啓

答曰依啓此事若或一二番施行而止則李馨長難免欺罔之罪矣

同日京畿開城府兩西監司了

都監為相考事節

啓下教都監

啓辭內昨夕右議政使譯官李耋送言于鄭譯以謝病未相見之意且言沿路七處宴享來時不捧心甚未安下去時則可以受之欲明知受與不受預為分付云則鄭譯答曰中路聞申政丞之什不任驚怛入京大監又

以病患不即奉拜心甚缺然翌日宴時若為押宴則
當拜謁矣七站宴享事則 皇帝軫念西路民弊使
之勿受故上來時既不得受下去時何可受也丁寧
不受之宴虛送餞慰使及禮單殊極有弊慎勿下
送云李耋往復再三詳盡講定餞慰使不為下送
設宴諸具勿為備待之意京圻開城府兩西行移何
如
傳曰允事
傳教是去有等以
教旨內辭意奉審施行向事
四月初一日 都監

二五

啓曰即刻勅使差備通事來言今日晝奉杯勿為之明
日受別宴再明日上馬宴後初四日定發云依例空日
別茶啖排入之意敢
啓
傳曰知道
四月初二日都監
啓曰鄭譯以差備譯官傳言曰 朝廷請留如是繾綣
將為退行明日行別宴明明日行上馬宴初五日則當
為整理行李而初六日發行云敢
啓
傳曰知道

二六

同日 都監
啓曰今日當為別宴之意言于鄭譯則明日上馬宴時
兼行為當云今日別茶啖排入之意敢
啓
傳曰知道
四月初四日 都監
郎廳以右議政意
啓曰臣與宰臣金自點金南重等俱詣館中令譯官請
宴則 兩勅使及鄭譯出坐西宴廳上馬宴別宴合為設
行酌數則依一宴例行之別無問答之事完盃禮畢後
罷出之意敢

二七

啓
傳曰知道
四月初六日都監
郎廳以左議政意
啓曰臣與宰臣尹暉李景曾詣慕華館請行餞宴茶
禮行酒完盃禮等事一如常儀臣等措辭叙別則
勅使答曰云云 詳在都廳謄錄 臣等辭退 勅使發去矣敢
啓
傳曰知道
本色後考事實
一丁丑以後接待之事每以房妓逢彼之怒色吏刑杖因

二八

為病人者甚多郎廳被扶至於都廳拿入故上年
冬則不得已以捕盜軍搜括私娼以致閭里騷動矣今
番則兩西妓生便行之故不至於大段生事是齊
一都監𤼵遣譯官諭以京中房妓難得閭里騷擾之弊且
遠接使去時亦為言送累次開諭鄭譯故兩西房妓幸
許率來為白有齊
一京中醫女依前例待候而京江舡上遊女二人及京中私
娼曽經者三人執捉拘留給料供饋以待彼人之求索矣
勅行入京後上副使房妓各一入之與西路便行者為各
二是旀鄭譯曽經醫女二人則依其言終始待候而鄭譯
及李論善頭目五人皆率西妓是旀頭目一家丁二則不

二九

率西妓故初以鄭譯之言入給京女三人論善又自
率一女為有如可鄭譯醉酗怒其論善擅率一女而並
與家丁所率三女而黜之因而郎廳被扶改差為有齊
一李論善以鄭譯言入女鄭怒其偽言自擅移怒於郎
廳醒後頗悔且有以其所親人請賞事與李馨長約
定令後京中私娼勿侵而當以西妓便行云云為有齊
一以前之為觀之則令番之事多幸故當初以大臣分付燕
尾亭鳳翔站遊於稅舡耗費　國穀之女若干捉来者
則并即放送而當初移文乙亦不謄録勿為後日援例之
弊為有齊
一平安黄海道因都監関上送者則皆是年多貟醜吪𠇗不

三十

喻　勅使一行西路房妓便行故兩道妓生並皆還送為
有齊
司饔院所掌移屬 本色次知
令番　勅使時一等頭目四人對客一員別　賜酒床排
初以六度宴磨鍊內二度宴則兼行於他宴四度設行
未行二度宴十床雜物移用於　便殿接見時頭目九人對客一員
每一床所入
乾大文魚半条式　乾大口魚半尾式　乾雉半首式
全鰒四介式　片脯一介式　乾猪一斤式
灰全鰒五串式　乾海參四合式　乾紅蛤四合式
鹽水一合式　塩一合式　生猪肉一斤式

三一

熟猪肉一斤式　鷄兒半首式　中生鮮一尾式
紅柹代黄栗五合式　生梨五介式 代用實榛子　實生栗二合式
乾柹二串式　實栢子一合式　大召一合式
五味子正果五合式　清一合式　汁油一合式
醋一合式　菩莄三兩式　生芋五錢式
艮醬四合式　芥子五夕式　絲紙次三色紙各一張
所用䆗皿雜物則隨所入各該司取用後還下
熟手李論卜　李卜　李德吉
軍色募軍四名　守直軍士二名
内資寺所掌
兩
勅使大通官宴享六度內下馬宴翌日宴回禮宴別宴

三二

上馬宴郊外錢宴六度磨鍊內囬禮宴則兼行於
翌日宴別宴則兼行於上馬宴故二宴床不用而還下
下馬宴一床所入　上馬宴同
一行中朴桂四㼜式每㼜上末九升式　清六合七夕五分式
造清一升一合一夕五里式　油六合三夕式
二行漢藥果五㼜式　上末五升式　清四合一夕七分八里式
造清六合五夕三分一里式　油五合式　黑湯二合五夕式
三行六色實果六㼜式　實栢子三升式　實胡桃二升五合式
生梨十介式代實生栗一升式　大召二升五合式
俠實栢子一合五夕式　黃栗二升式　乾柹一貼式
俠實栢子一合五夕式

三三

左俠
一行紅望口消二㼜式　上末五升四合式　清二合二夕式
造清三合三夕式　油七合式　芝草二兩式
出油二合三夕式　黑湯一升三合式　沙粉泉升一合
夕式　油沙望口消一㼜式每㼜　上末五升四合式　油一升式
清二合二夕式　造清三合三夕式　黑湯一升四合二夕式
油沙上末二升四合式　油一合四夕式
二行白茶食二㼜式　上末三升二合四夕式　清二合六夕五分式
造清三合九夕七分五里式　全冊餅二㼜式每㼜
上末三升式　清二合四夕式　造清三合六夕式
油三合七夕式　黑湯一升四合七夕式

三四

三行小雲氷一㼜式每㼜　上末二升式　清五夕五分式
造清八夕二分二里式　油一合一夕式　汁清一夕三里式
造清一夕五分四里式
赤味子兒一㼜式每㼜　上末一升二合式　清八夕二分五里式
造清一合二夕七分八里式　油一合七夕三里式　汁清一夕五分三里式
造清二夕三分式
白味子兒一㼜式每㼜　上末一升二合式　清八夕五分二里式
造清一合二夕七分八里式　油一合七夕三里式　清一夕五分三里式
造清二夕二分九里式
松古味子兒一㼜式每㼜䴷松古七兩式　清八夕式
造清一合二夕式　油二合三夕式　膠粘末二合二夕式

三五

沙粉白米七合式　汁清二夕式　造清三夕式
右俠
一行紅亇条二㼜式每㼜　上末五升四合式　清三合八夕五分式
造清五合七夕七分五里式　油八夕式　汁清一合九夕式
造清二合八夕五分式　沙粉白米九合四夕式　芝草二兩式
出油二合三夕式
油沙亇条一㼜式每㼜　上末五升四合式　清三合八夕五分式
造清五合七夕七分五里式　油三合七夕式　油沙上末一升三合三夕式
汁清一合一夕五分式　造清一合六夕七分五里式　油八合式
二行松古亇条二㼜式每㼜　䴷松古一斤五兩式　清二合式
造清三合式　油三合式　膠粘米五合式

三六

沙粉白米一升八合三夕式
染紅亇条二器式每器　上末四升式　清四合式
造清六合式　油三合七夕式　芝草二兩式
出油三合式　黃蜜二錢五分式
三行栗味子一器式每器　黃栗一升三合式　油一合式
清一合式　造清一合五夕式　膠粘米一合五夕式
沙粉白米八合四夕式　汁清二夕五分式　造清三夕二分五里式
松古味子兒一器式每器　熟松古八兩式　膠粘米二合五夕式
清八夕式　造清一合二夕式　油二合三夕式
沙粉白米七合式　汁清二夕式　造清三夕式
赤味子兒一器式每器　上末一升式　清一合式

三七

造清一合五夕式　油一合式　汁清二夕五分式
油沙味子兒一器式每器　上末一升式　清一合式
造清一合五夕式　油一合式　汁清二夕五分式
造清三夕二分五里式

面俠床

一行魚肉四器式每器　中全鰒四串式　片脯一条式
文魚二条式　乾雉二首式
二行乾南五器式每器　猪肉半部式　鷄兒三脚式
生蛤三十介式　鷄卵八介式　大灰全鰒一貼式
三行煎魚肉五器式每器　煎魚中生鮮一尾式
軟鷄一首式　海參十介式

三八

菜一器式每器　山參十兩式　猪肉每器十兩式
古物菉豆末二合式　艮醬六合式　楜椒一錢式
生芋三錢式　塩三合式　醋二合式
芥子二合式　都賁油一升式　果隔次楮注紙十四大式
一翌日宴享十二床所入每床式
一行白茶食二器式　上末九升式　清九合式　造清一升三合五夕式
全冊餠二器式每器　上末三合式　清七合七夕五分式
造清一升一合六夕二分五里式　油七合五夕式
二行中朴桂一器式每器　上末九升式　清七合七夕五分式
造清一升一合六夕二分五里式　油四合五夕式
赤味子兒一器每器　上末三升式　清二合五夕式

三九

造清三合七夕五分式　油五合式
一栗味子一器每器　黃栗三升七合式　清三合五夕式
造清五合二夕五分式　膠粘米四合式
油沙味子一器式每器　上末三升式　清二合五夕式
造清三合七夕五里式　油二合式　膠粘米八合式　汁油三夕式
一染紅味子一器式每器　上末三升式　油三合式　清二合五夕式
造清三合七夕五分式　芝草八錢式　出油一合式
黃蜜八錢式
一三行赤味子二器式每器　上末三升式　清二合五夕式
造清三合七夕五分式　油二合式　汁清七夕五分式
造清一合一夕二分五里式

四十

一白味子一器式每器 上末三升式 清二合五夕式
造清三合七夕五分式 油二合式 汁清七夕五分式
造清一合一夕二分五里式
一雲氷一器式每器上末六升式 油五合式 清二合五夕式
造清三合七夕五分式 汁清一合式 造清一合五夕式
一添水一器式每器 上末五升式 清二合式 造清三合式
油三合式 汁清九夕式 造清一合三夕五分式
一四行六色實果六器式每器 實栢子二升式 實胡桃二升式
大召二升式 乾柿子九串式 俠實栢子一合二夕式
黃栗一升七合式 生梨代生栗一升式
一面俠床每床

四一

一一行四色菜四器式每器 山蔘菜一器十兩式 其他三器隨節
一二行魚肉四器式每器 中脯一条式 乾雉五脚式
文魚二条式 紅蛤一升式
一三行乾南五器式 鷄兒三脚式 鷄卵八介式
猪頭四床并三頭式 大灰全鰒一貼式 中全鰒四串式
一四行煎魚肉五器式每器 猪肉十兩式 猪肝半部式
煎魚中生鮮一尾式 軟鷄一首式 海蔘十介式
果隔次楮注紙十四丈式
古物良醬六合式 菉豆末二合式 楜椒二錢式
生芋三錢式 塩三合式 芥子二合式 醋二合式
都煮油一升式

四二

司饔院所掌移屬 内資寺次知
兩勅使及大通官一貟六度宴磨鍊內四度設行茶禮果
盤各一床每一床
軟藥果一器每器 上末三升式 汁清并一升二合式
油八合式
中全鰒折十五介式 乾雉二首式 乾大文魚折半条式
煎油魚中生鮮三尾式 油五合式 生梨十介式
實栢子五合式 實生栗五合式 乾正果五合式
一味數行果各二床式每床 紅味子一器式 白味子一器式
上末各三升式 清汁清并各一升五合式 油各八合式
芝草二合式

四三

中全鰒折各十五介式 乾雉折各二首式 乾文魚折各半条
生梨各十介式 實生栗各五合式 實胡桃各五合式
實栢子各五合式 乾正果各五合式
一進饅頭一器式每器 上末七升五合式 生猪肉一斤式
菉古一介式 實栢子一合式 實胡桃五分式 生芋二錢式
醋一合式 油一合式
一初味
軟藥果一器式每床 上末五升式 清汁清并一升五合式
油一升式 生梨十介式 水正果一器式 清二合式
一三味山蔘餅一器式每器 實蔘一斤半式 粘米五升式
清九合式 油九合式 追清三合式

四四

山參菜一肙式每肙　實山參三兩式 芥介五夕式
實栢子一升式　水正果一肙式　清二合式
一三味杏仁果一肙式每肙　上末五升式　清汁清幷一升五合式
油一升式　實生栗一升式　水正果一肙式　清二合式
一四味松古餅一肙式每肙　粘米五升式　㸑松古一斤半式
清九合式　油八合式　追清三合式　山參菜一肙式
實山參三兩式　芥子五夕式　大召一肙式每肙　大召一升式
水正果一肙式　清二合式
一五味軟雲氷一肙式每肙　上末五升式　清汁清幷一升式
油八合式　實榛子一升式　水正果一肙式　清二合式
果隔次白紙一卷十丈　取油休紙一卷十丈　雪綿子三兩

四五

一兩勅使及大通官一員等上下馬宴二度四床所入床花
及翌日宴三床回禮宴三床別宴三床郊外餞宴三
床等同床花四床所入等合八床雜物磨鍊通用
一上下馬宴四床所入已上大花十朶式四十朶中花十三朶式五十二朶次中花
八朶式三十二朶香花草乇六朶式二十四朶已上合一百四十八朶造作所入
多紅次草注紙三卷十張式　黃染次草注紙十張式
鴉青次草注紙二張式　玉色次草注紙一卷式
草綠次草注紙六張式　粉紅次草注紙四張式
已上草注紙五卷十二張
絲紙次楮注紙十張式二卷　擣鍊楮注紙一張式四張
生苧三兩五錢式　黃蜜十兩式　松脂七兩式

四六

多紅真糸一錢式　粉紅真糸一里式　鴉青真絲一里式
柳青真糸一錢式　覆巾次十升紅苧布十尺式
草綠真絲一錢式　分給次草綠真絲七錢式　雪綿子三錢式
家猪毛七百介式　貼銀一束二貼八張　貼金一貼六張式
同黃五錢二分式　朱紅五錢式　銅綠一兩式
細銅絲一百三十尺式　丁香四十介式代黃蜜一兩式
白米一升八合式　真末一升八合式　真油一合式
阿膠一兩五錢式　海長竹七介式　炭三斗式
燒木一冊式　休紙八兩式　木花奀大中小幷一百二十四介
香花童子六介式　太一升八合式
一翌日宴等四床所入每床造作

四七

大花五朶式二十朶　中花四朶式十六朶　次中花五朶式二十朶
香花草乇六朶式二十四朶　已上合八十朶造作所入
多紅次草注紙六張半式　黃染次草注紙一張半式
玉色次草注紙二張半式　鴉青次草注紙半張式
草綠次草注紙一張半式　粉紅次草注紙半余式
已上草注紙二卷八張　擣鍊楮注紙半張式　糸紙次楮注紙
六張式
生苧六錢六分式　黃蜜五兩式　松脂三兩五錢式
鴉青真糸一分一里式　多紅真糸三分三里式　草綠真
糸三分三里式　粉紅真糸一里式　柳青真糸三分式
覆巾次十升紅苧布六尺式　草綠真糸一錢六分一里式

四八

家猪毛四百五十介式 貼金一貼式 貼銀六貼四張式
同緑三兩一錢五分式 同黃二錢二分式 朱紅三錢式
細銅系八十尺式 丁香二十八介式代黃蜜以造雪綿子三錢
式 白米八合式 真末八合式 太八合式 阿膠七錢五分式
海長竹三介式 炭二斗六升式 燒木半丹式
休紙三兩二錢式 木花英大中小并十四介式 香花童子六
介式 黃灰木二束 檜花一升 芝草七合 中竹二介
黃草一同 熟手邊首尹明吉 金戊辰 申水永
張立 尹鶴 成汗伊 金允男 高男 花匠金民
曺永吉 元得男 助役軍二名 守直軍二名 各司
奴婢六名 使喚募軍四名 分司饔院熟手張守

四九

床花匠婢愛丹
一分內贍寺所掌
頭目九人對客二員六度宴及 便殿
小朴桂一兒式每兒 上末一升式 造清五合二夕五里式
油一合五夕式
白散子一兒每兒 中末一升五合式 油七夕五里式
乾飯三合七夕五里式 煮油七夕五里式 黑湯五合四里式
紅散子一兒每兒 中末一升五合式 油七夕五里式
乾飯三合七夕五里式 煮油七夕五里式 芝草二錢二分式
沙粉末三夕式 出油二夕三里式 黑湯五合四里式
皮栢子二合九夕式 皮榛子二合九夕式 大召二合九夕式

五十

乾柿子八介式 灰中全鰒二串半式 鷄兒四人并一首式
鷄卵三介式 菜隨節 水芹則一握 菁根則五介 清醬七夕式 油一夕式
塩一夕式 醋六里式 對客每床 小朴桂一兒式每兒
上末六升式 太末一升式 造清三合式 油二合式
面果皮栢子二合式 菜上同
司饔院所掌移屬 內贍寺次知
兩勅使大通官味數炙
初味生雉炙一兒式每兒生雉一首式
二味猪肉炙三兒并猪脚二隻式
三味猪肉雪阿覓三兒并猪脚二隻式
四味生鮮炙每兒中生鮮二尾式

五一

五味唐猪雪阿覓三兒并猪脚二隻式
都煮肆升五合 塩四升五合 絲紙三色紙各一張
各樣兒皿雜物則依前例各該司取用後還下
茶匠所用 小麥五升 清蜜三升 雀舌五兩
大召一升五合 實栢子一升五合 大沙用一坐
中沙用一坐 茶匙五介 耳鐥一介 茶甫兒五介
白瓶二介 磁碗二介 白苧布五尺 白正布五尺
熟手李春玉 朴㖌春 朴莫金 金金 李成立
朱賢伊 松赤 韓一男 金二春 朴全作
金儉同
茶匠金永男 助役各司奴子三名

五二

本寺使喚募軍二名　各司奴婢五名
禮賓寺所掌
两勅使大通官別茶啖六度每一床所入
小樂果一器式每器　上末四升式　清四合式
造清六合式　油四合式　黑湯一合式
大小蔘花小童桂雪丁果　軟沙果　蜂蝶果　茶食
雜藥果　地方果各一器式每器
上末五升式　清五合式　造清七合五夕式　油一升五合式
粘米末二合五夕式　沙粉米一合五夕式　大乾飯三合式
細乾飯一合五夕式　黑湯一升五合式　芝草二合式
實荏子二合式

切肉各一器式每器大口魚半尾式　中全鰒五介式
大文魚一条半式　片脯半条式　鳳大全鰒一介式
烏賊魚一尾式　一器紅蛤炒五合式　醋一合式　艮醬一瓮
油二夕式　生芋一錢式　一器猪肉十两式　楜椒二分式
葱二本式　一器鷄卵八介式　一器細實果　一器乾正果
一器水正果清二合式　實栢子二夕式　一器熟全鰒十
五介式　進塩水一器生雉半首式　監水二合式
初味細粅菉豆末一升式　五味子水五味子三合式
清蜜二合式　炙猪肉一斤式　塩四夕式　油二夕式
別湯水苽制湯生雉半半首式　生鮮半半尾式
油二夕式　沉苽二介式　監水一合五夕式　生芋一錢式

二味猪肉甫只　猪肉十二两　艮醬八夕式　塩四夕式
葱一本式　胡椒二夕式　炙生鮮半尾式　塩四夕式
油二夕式
別湯水鷄蒸一首式
三味鷄湯一首式　菉豆末八夕式　胡椒二夕式
塩四夕式　葱一本式　鷄卵一介式
床花餠一器式每器　上末一斤十五两七錢式
含兒猪肉一斤式　蔓菁根十介式　醋一合式
起酒一升五合式　胡椒一錢式　生芋五分式
猪肉醬泡十两式　艮醬十合式　油三夕式
胡椒二分式　葱一本式

四味點點果　海蔘炒十介式
五味三魚湯猪肉九两式　艮醬二合式　生雉半半首式
油七夕式　醋五夕式　紅蛤炒一升式　生芋一錢式
油三夕式
宰臣宗宰三分四度設宴每一床
小汙果一器式每器　上末三升式　清一合夕三里式
造清一合六夕八分七里式　黑湯二合二夕五分式
油三合式　汁黑湯二合一夕式
雲氷一器式每器　上末三升式　清三夕七分五里式
造清五夕六分二里式　黑湯七夕五分式　油三合式
床排實栢子三合式　實榛子三合式　實胡桃三合式

大棗三合式　乾柿子二串式
乾南灰中全鰒三串式　煎油魚中生鮮三分幷一尾式
上末三合式　油三合式　猪肉六兩式　菜一器式　隨節
都清醬五夕式
初味細粇菉豆末四合式　五味子水次二合式
清一合式　沉菜一器式　炙生鮮三貟幷一尾式　油一合式
塩三夕式
二味猪肉甫只九兩式　甘醬一合式　醋一夕式　塩三夕式
葱一本式　川椒三分式　炙鷄三分幷三脚式　塩三夕式
三味鷄湯三貟幷一首式　清一合式　油二夕式　塩二夕式
床花餠一器式每器　上末一升二合式　起酒一升式

五七

塩三夕式　熟小豆六合式　清蜜一合式　猪肉醬泡六兩式
清醬二合式　油四夕式　葱一本式
四味點點果
五味魚湯猪肉九兩式　生雉一肢式　菉豆末一合式
油五夕式　蔓菁根二介式　紅蛤五合式　生芋五分式
油二夕式
　司饔院所掌移屬　禮賓寺次知
兩勅使大通官四度設宴味數所入每床
進塩水一器式每床　鴨子二首式雌鷄
初味細粇菉豆末一升五合式　紅蛤煮只二升式　沉菜一器式
二味猪肉軟肉湯一脚式　猪肉醬泡一脚式

五八

三味生鮮於音湯中生鮮二尾式　全卜煮只二串式
四味猪肉塩水一脚式　生雉煮只二首式
五味鷄兒塩水二首式　熟全卜二串式　古物鷄卵三介式
艮醬三升式　油六合式　每宴所用
頭目九名對客二貟四度設宴每一床
初味細粇菉豆末四合式　沉菜一器式　清醬一合式
交吐鷄二十人幷一首式　油一夕式　塩二夕式　炙猪三人幷三斤式
油一夕式　塩二夕式
二味猪肉甫只五兩式　甘醬二合式　塩三夕式　葱一本式
炙鷄二人幷一首式　油一夕式　塩二夕式
三味鷄湯三人幷一首式　清醬一合式　油二夕式　塩二夕式

五九

猪肉醬泡六兩式　清醬二合式　油一夕式　葱一本式
四味灰小全卜一貼一串式　油二夕式　清醬一合式
兼煎餠代節果只設一二苐　紅柿五介生梨五介式代節果
五味點點果一二苐則　生栗三合式　紅柿三介生梨三
介式代他果三苐則　生栗一合式
絲勸花四朶每一朶所入
細銅絲二十尺式　貼銀一張　楮注紙合十張　丁香三介
式代黃蜜　鴉青真絲六里二毫式　小紅真絲六里二毫式
多紅真絲一分二里四毫式　草綠真絲一分二里四毫式　黃真
絲六里二毫式
別造勸花每十朶所入

六十

上品草注紙一張式　黃蜜一两式　花藥米五
合六夕一里式　海長竹七寸五分式　松脂七錢五分式
銅綠六錢式　同黃二錢五分式　生苧二錢式
芝草二錢式　家猪毛二十介式　貼銀一張式　紅花代
木紅　黃灰木半册式　槐花七夕式　燒木半册式
頭目每一人紙野床花三朶式二件造作四度通用每八
朶所入
楮注紙二張　黃蜜八錢式　家猪毛七十五介式
松脂六錢式　海長竹一尺二寸式　生苧二錢式
芝草代木紅　銅綠代王色
鬱金代黃色

六一

各揀罷皿雜物依前取用後還下
熟手李天龍　張好良等十名
花匠崔得雲　助役二名
細粧匠　福介　鷹卽　愛伊
床花匠　石乙德　命還　論月
軍色募軍二名　各司奴婢五名
司畜署所掌
勅使二員上下馬宴
小膳各牛加乙非半隻式　羔一口式　鴨子二首式
大膳各牛脚一隻式　猪一口式　鴨子二首式
翌日宴餞宴　小膳各猪加乙非一隻式　羔一口式

六二

鴨子二首式　大膳各猪脚二隻式　猪一口式
鴨子二首式
大通官一員四度宴各猪脚二隻式　鷄兒二首式
熟猪肉十斤式
頭目大肉一等每床熟猪肉三斤式　㸑鷄一首式
三等及對客官每床　熟猪肉三斤式　熟鷄半首式
去毛匠李莫山　甫音金　春山　金卜　金伊　㖙乼同
内卩世　春同億　金開千　張㖙世

六三

郎廳中訓大夫行户曹佐郎 臣朴[illegible]
郎廳通訓大夫行軍器寺判官 臣安[illegible]
郎廳通訓大夫行司僕寺僉正 臣成[illegible]
都廳禦侮將軍行龍驤衛司果 臣李[illegible]
都廳通訓大夫軍器寺正 臣趙[illegible]
館伴資憲大夫吏曹判書兼同知春秋館事 臣李[illegible]
提調正憲大夫户曹判書 臣李[illegible]

六四

崇德八年癸未九月　日雜物色儀軌
勅使一愽氏
二愽氏
一等頭目一人李譯
二等頭目二人
三等頭目三人
九月初三日入京初十日回程
郎廳漢城府判官韓有良
差備譯官李東馣
書吏朴義敬
趙擎天

一

朴得雲
庫直張承吉
都使令李　良等三名
假使令一名
守直軍士二名
九月初三日　稟目
今此愽氏之行出其不意事已急遽故本色茶啖飯
俸所入之物磨鍊後擧行則勢必有未及之患爲乎
等以一二日所用油淸眞末等物各該司良中姑先
取用俾免臨時窘迫之患何如　手決內依
同日　稟目

二

當此愽氏支待油淸眞末等各色雜物磨鍊捧手
決後則事必生事極爲悶迫一邊各司遺在以捧上
用下爲乎旀一邊磨鍊之意　稟提調手決內依
九月初五日　稟目
今日早飯床兩愽氏前入給則不捧還出矣所排
藥果則留置以待後日之用各色實果則已爲
還下爲有在果其中已熟設三色餠及味數何以
爲之　稟　提調分付內依餠及味數區處
九月初三日司饔院了
爲相考急急定送事今此愽氏之行當日入京
兩廚房使喫飯監卽刻內急急定送俾無未及

三

生事之患向事
同日司饔院了
爲急急輸送事今此愽氏接待各處所用磁白
器卽刻內急急輸送俾無未及生事之患向事
同日甘結
今此愽氏當日入京凡擧行各該司依前例擧行
爲旀謄錄付事事出急遽故未及磨鍊以草甘
結知委爲去乎依謄錄擧行各司當刻內急急
擧行定送事
刑曹　軍色書吏　吏曹　尚衣院
掌樂院　奉常寺　內工曹　典設司　別工作　修理所
五部　其人有司　司宰監　漢城府　司譯院　掌苑署

四

長興庫　禮賓寺　內資寺　內贍寺　義盈庫
一各色掌二名各司奴七名　刑曹定送
一飯監二人　司饔院定送
一熟手全應善等五名廚房熟手三名
一餠匠床花餠匠粥匠各一名　奉常寺定送
一細麵匠六月等二名
一床花餠母
一餠母春伊
一使喚軍士十名　自軍色定送
一本色使喚飯監二人各色掌二名進止樂生四
人廚房熟手三名造果熟手五名待令熟手

一名床花餠匠二名造餠匠二名細麵匠二名粥匠
一名等給料事
同日　稟目
一今此傅氏茶啖時所用盤排以黑漆取用為乎　館伴
喩以白骨取用為乎喩商量分付何如
手決內姑以黑盤取用
九月初十日　稟目
一昨日遣承旨兩傅氏勸肉後今日早飯以肉饌
床排入給則不捧饌物何以為之為乎喩何如
提調手決內留置改色以待新　勅使用下事
各司捧甘

一兩傅氏每日各三時飯俸所入素膳
片豆泡六片式　生蒜四十五本式
石茸二升式　多士亇十二條式
土卵一升五合式　甘醬二升式
甘藿六立式　真末一升五合式
生薑九兩式　艮醬四升式
塩二升式　苽醬俎三介式
菁根醬俎三介式　沉菜一沙鉢
醋一升式　生葱九十本式
胡椒三錢式　真油二升式
沉苽三介式　菁根十五本式

清蜜一升五合式　藁古一升五合式
黃角一升五合式　軟豆泡十二塊式
真茸十五介式　海衣一張半式
實栢子三合式　青泡十五塊式
別求請
冬花二式　水芹三丹式
茄子沉菜三介式　白菜三丹式
白菜沉菜一沙鉢式　蔓青根十本
一兩傅氏一處茶啖所用每床每貼是
藥果方味子並　真末四升八合式
清蜜一升四合式　清酒二合式

真油九合式
一雜果一貼是所入
真末八合式
真油三合二夕式
一水正果一甫兒式
實栢子二夕式
一各色細實果合盛一器所入
實榛子二合式
實銀杏二合式
一薏苡粥一甫兒式所入
清蜜二合式
清蜜二合八夕式
清蜜一合式
實胡桃二合式
菜一器式

九

一乾正果一器式所入
獼猴葡正果七合式
一生實果
實生栗一升式
紅柿七介式
一各色切肉每貼是所入
多士亇五條式
真茸十角式
一甫只次
片豆泡一片半式
一味數所入
大棗一升式
生梨五介式
海衣一張式
片豆泡三片式

十

生葱十本式
真油二升式
胡桃四錢式
實栢子一合式
熟片次片豆泡三片式
沉菜一器式
醋五合式
一三等頭目三人切肉每貼是代
多士亇一條式
實栢子五夕式
實胡桃五夕式
真末一升式
菉古五合式
艮醬二升式
生鮮卵交代片豆泡二片式
糆次菉豆末一升式
猪肉將方代軟豆泡三塊式
生薑五錢式
海衣半半張式
實榛子五夕式
實生栗五夕式

一一

生梨二介式
大棗五夕式
一熟片次片豆泡一片式
雞炙代多士亇一條式
醋一夕式
塩一夕式
一三等頭目三人每床所入
切肉每貼是代多士亇一條式海衣半半立式
皮栢子五夕式
皮栗五夕式
紅柿三介式
紅柿五介式
糆菉豆末五合式
甫只次軟豆泡一塊式
清醬二合式
菜一器式
皮榛子五夕式
生大棗五夕式
糆菉豆末五夕式

一二

清醬二合式　卜只次軟豆泡一塊式
清醬二合式　醋一夕式
胡椒一分式　菜一罷式
塩一夕式
一二三等頭目六名每床所入
一地方果二立式所入　真末二合式
太末六合式　真油三夕二里式
黒湯二夕式
一蜂蝶果一立式所入　真末五夕二里式
太末二夕六里式　黒湯一夕式
真油一夕五里式

一三

一常藥果一立式所入　真末一合式
造清二夕式　清酒二里式
真油一夕式
一銀丁果一立式所入　真末三夕九里式
造清一夕三里式
一犀角果一立式所入　真末三夕九里式
真油三夕式　造清一夕三里式
一常方味子四介式所入　真末一夕式
真油五里式　造清一里式
一茶食一立式所入　真末七夕式
造清二夕式　真油一里式

一四

一慱氏二員留館時早飯每床所入
一藥果每貼是方味子并
真末四升八合式　真油六合式
合真油三合式　清蜜一升四合式
清酒二合式
一雜果每貼是所入　真末八合式
清蜜二合八夕式　真油三合二夕式
一片蒸次多士亇三條式古物次實栢子三夕式
糆次菉豆末一升式　沉菜一罷式
薏苡一甬兒式　清蜜二合式
熟片次片豆泡一片半式　蕖古二合式

一五

於音次軟豆泡三塊式　乾正果七合式
生大棗一升式　實生栗一升式
紅柿七介式　生梨五介式
西瓜一介式
一味數所入
艮醬二升式　蕖古五合式
生薑一兩式　胡椒二錢式
真油一升式　醋五合式
塩五合式
一左肝南　石茸三升式
實栢子一合式　雜頭蹄次片豆泡一片式

一六

生葱十本式
一右肝南 煎片次片豆泡一片式
一床花餠每貼是所入 真末五升式
真油二合式 起酒米一升式
菁根二十本式 實栢子五夕式
生薑五錢式 石茸二合式
胡椒一錢式 塩一合式
艮醬二合式 軟豆泡三塊式
其火三升式
一山蔘餠每貼是所入 實山蔘二斤式
粘米末二升式 清蜜二合三夕三里式

一七

真油一升式 實栢子一合式
一菉豆餠每貼是所入 實菉豆一升五合式
真油七合式
一一二等頭目三名每床所入
熟片次多士亇一條式 甫只次軟豆泡一塊式
雜湯次黃角三合式 炙次片豆泡半片式
實生栗二合式 生大棗二合式
紅柿三介式 醋一合式
糆菉豆末五合式 清醬二合式
胡椒一分式 菜一兒式
一漢果每貼是所入 真末一升三合五夕式

一八

太末一升二合五夕式 黑湯五合八夕式
真油一合式 造清一合五夕式
一床花餠每貼是所入 真末一升式
丁香三合式 清蜜五夕式
起酒米二合式
一兩傳氏房排 鍮大也各一
鍮所羅各一 養齒白甫兒各一
朱紅手盤各一 朱紅手巾函各一
白木綿手巾長各四尺 白木綿袱巾各一
大紅木綿草綠段半衾三幅揮巾各一
朱紅高足床各一 鑄超兒各一

一九

一兩傳氏各廚房飯監所用
鑄東海各一 有足鼎各一
朱紅手盤各三立 鑄鉢里各一
鍮匙各一 鍮筯各一每也
鍮挸各一 瓢子各三內木瓢各一
單幅紙各二張 食刀各一
杻籠各一 鍮大沙用各一
鍮中沙用各一 鍮小沙用各一
鍮者各一 浮獨只機各一
馬尾篩各一 竹篩各一
生布拘介各一 各長一尺寸 白貼是各一竹

二十

白鍾子各三
朱漆盤各一
陶所羅各一
案板各一
炙函各二隻
咊金各一
白中碗各三
白苧布手巾各一 各長一尺五寸
木擧乃各一
草省各一
一粥匠所用

常沙鉢各三
朱紅高足食床各一
陶東海各一
土烽爐各一
有足樻各一
白磁碗各三
白甫兒各五
擔桶各一
生布五幅袱各一

二一

鑄東海一
單幅紙一張
朱紅手盤一
召匙三
白鍾子三
一餠匠所用
案板一
洪都介一
陶甑一 本具
陶所羅一
瓢子一

鍮者一
瓢子一
杻籠一
白甫兒三
木搥一
火[illegible]一
咊者一
朱紅手盤二
單幅紙二張

二二

白貼是四
磁碗二
一床花匠所用
常盤二
案板一
仇彔之一
瓢子一
四張付油芚一
大甑一 本具
單幅紙二張
鑄東海一

杻籠一
食刀一
馬尾篩一
床花籠十六
小都亇一
陶所羅一
陶東海一
鍮者一
鑄沙用一

二三

白木綿三幅袱二
白貼是三
二幅袱五
杻籠一
一細粅匠所用
浮獨只一 布三尺二寸
瓢子一
鑄東海一
一熟手所用
鑄東海三
中沙用一

朱紅手盤二
磁中碗二
五幅布袱二
馬尾篩一
柳箕一
大沙用一
鍮者一

二四

案板十 馬尾篩一
竹篩一 單幅紙十張
水桶一 行子七 各長一尺
朱漆盤六 柳笥二
隅板二 陶所羅二
食刀一 洪刀介二
行子赤亇七 常沙鉢一竹
大火爐一 中火爐一
白骨大盤四立 召匙一冊
白骨手盤一竹 杻籠三部
白沙鉢一竹五介 白小貼二竹

二五

磁貼是五竹 白甫兒三竹
白大貼二竹 白小小鍾子一竹
中碗一竹 白大貼一竹
味者四 炙柄三色紙一張
取油休紙十張 褁隅白紙十張
九月初四日
一仁粘米次粘白米二斗 赤豆一斗
清蜜二升
同日
一敬毋次粘白米二斗 太末五升
清蜜二升五合 實栢子三合

二六

九月初五日
一白豆甑餅次粘白米二斗 小豆一斗三升
乾柿一貼三串 大棗三升
清蜜二升
九月初六日
一赤豆甑餅次粘白米二斗 小豆一斗三升
乾柿一貼三串 大棗三升
清蜜二升
九月初七日
一仁粘米次粘白米二斗 小豆一斗
清蜜二升

二七

一兩傅氏別求請
兩色醬俎六十五介 胡桃三合
實入秩
土卵二斗一升 生蒜六百三十本
石茸四斗一升二合 多士亇二百十一條
艮醬六斗四升七合 甘醬二斗八合
甘藿八十四立 真末十三斗七升九合六夕
藁古二斗 生薑八斤六
塩三斗一升六合六夕 芥醬俎四十二介
菁根醬俎四十二介 沉菜十八沙鉢
醋一斗七升 生葱一千三百四十本

二八

真油五斗五合
菁根四百二十五本
胡椒六兩七錢二里
片豆泡一百二十五片
真茸二百三十介
實栢子六升二合六夕
起酒米七升六合
菉豆末一斗四升
乾正果一升四合
實生栗四升七合五夕
紅柿六十介

沉菘四十二介
清蜜四斗五合七夕五里
黃角二斗二升八合
軟豆泡二百十塊
海衣二十四張半
青泡二百十片
清酒二升一合二里
薏苡四甬兒
生大棗四升七合五夕
西果二介半
生梨二十三介

二九

其火一斗八升
粘米末三斗
清醬三升
丁香二升四合
造清四升一合五夕二里
實胡桃五合五夕
獼猴萄正果一升四合
皮栢子一合五夕
皮生栗一合五夕
水芹四十二丹
白菜四十二丹

實山蔘十二斤
實菉豆九升
太末一斗八斤六合五夕二里
黑湯七升一合八夕
實榛子五合五夕
實銀杏六合
木瓜五合
皮榛子一合五夕
冬花十四介
茄子沉菜十四沙鉢
蔓菁根一百四十本

三十

炭二石
活雞二首
小生鮮二尾
生猪肉十四斤
還下秩
小藥果九百五十介
漢果三斗 以上新勅使用下次
真油五升八合
甘醬九升

杻木十五丹
中生鮮二尾
生雉二首
熟猪肉二斤
小茶味七升
清蜜八升
艮醬七升
真末一斗七升

三一

郎廳通訓大夫行刑曹佐郎臣申
都廳通訓大夫司僕寺正臣丁
館伴資憲大夫禮曹判書兼同知經筵春秋館事臣李
提調正憲大夫戶曹判書臣李

三二

참고문헌

김상보. 『다시 보는 조선왕조 궁중음식』. 수학사. 2011.

김상보. 『생활문화 속의 향토음식문화』. 신광출판사. 2004.

김상보. 『음양오행사상으로 본 조선왕조의 제사음식문화』. 수학사. 1955.

김상보. 『조선왕조혼례연향음식문화』. 신광출판사. 2006.

김상보. 『조선왕조 궁중의궤음식문화』. 수학사, 1995.

김상보. 『조선왕조 궁중연회식의궤음식의 실제』. 수학사. 1995.

김수(1481~1552). 『需雲雜方』.

安東張氏. 『飮食知味方』. 1670년경.

李瀷(1681~1763). 『星湖僿說』.

河生員. 『酒方文』. 1600년대 말경.

許俊, 『東醫寶鑑』.

『嘉禮都監儀軌』. 1866 · 1906.

『經國大典』.

『高麗史節要』.

『高麗史』.

『閨閤叢書』. 1815년경.

『三國史記』.

『受爵儀軌』. 1765.

『新增東國輿地勝覽』.

『迎接都監宴享色儀軌』. 1643.

『迎接都監儀軌』. 1609 · 1643.

『迎接都監雜物色儀軌』. 1643.

『園幸乙卯整理儀軌』. 1795.

『仁祖實錄』.

『酒饌』. 1800년대 중엽.

『進宴儀軌』. 1719 · 1901 · 1902.

『進爵儀軌』. 1873.

『進饌儀軌』. 1829 · 1848 · 1868.

『通文館志』.

찾아보기

현대식으로 다시 보는

영접도감의궤

2012년 6월 11일 초판 인쇄
2012년 6월 15일 초판 발행

발행인 농촌진흥청 국립농업과학원장 정광용
연구책임자 김상보(대전보건대학교 전통조리과 교수)
찬품재현 김진향·손희영(대전보건대학교 전통조리과 조교)
사진촬영 이영호(수학사 대표)
기획 · 편집 전영춘(농촌진흥청 국립농업과학원 농식품자원부장)
김행란(농촌진흥청 국립농업과학원 전통한식과장)
유선미(농촌진흥청 국립농업과학원 전통한식과 농업연구관)
황영(농촌진흥청 국립농업과학원 전통한식과 농업연구사)
김하윤(농촌진흥청 국립농업과학원 전통한식과 농업연구사)
발행처 농촌진흥청 국립농업과학원 농식품자원부 전통한식과

출판 · 판매처 (주)교문사
출판 · 판매인 류제동

디렉터 양계성 | 책임편집 강선혜 | 디자인 이수미 · 이혜진
제작 김선형 | 영업 정용섭 · 이진석 · 송기윤

우편번호 413-756
주소 경기도 파주시 교하읍 문발리 출판문화정보산업단지 536-2
전화 031-955-6111(代)
팩스 031-955-0955
등록 1960. 10. 28. 제406-2006-000035호

홈페이지 www.kyomunsa.co.kr
이메일 webmaster@kyomunsa.co.kr
ISBN 978-89-363-1288-6(93590)

값 40,000원
* 저자와의 협의하에 인지를 생략합니다.
* 잘못된 책은 바꿔 드립니다.